医疗机构医务人员「三基」训练指南

传染科

主编：赵伟

东南大学出版社

医疗机构医务人员三基训练指南

传染科

东南大学出版社
·南　京·

图书在版编目(CIP)数据

医疗机构医务人员三基训练指南. 传染科/赵伟主编. 一南京:东南大学出版社,2005.5(2013.4重印)

ISBN 978-7-81089-882-9

Ⅰ.医… Ⅱ.赵… Ⅲ.①医药卫生人员—技术培训—教材②传染病防治—医药卫生人员—技术培训—教材 Ⅳ.R192

中国版本图书馆CIP数据核字(2005)第027300号

东南大学出版社出版发行

(南京四牌楼2号 邮编 210096)

出版人:江建中

江苏省新华书店经销 溧阳市晨明印刷有限公司印刷

开本:850mm×1168mm 1/32 总印张:10.5 总字数:282千字

2005年5月第1版 2013年4月第3次印刷

印数:7001~8000册 总定价:30.00元(共3本)

(凡因印装质量问题,请直接向发行部调换。电话:025-83795801)

医疗机构医务人员三基训练指南

医疗机构医务人员三基训练指南

传染科

编写人员

主　编　赵　伟

副主编　陆重琳　李　军　唐　勤

编　委　（按姓氏汉语拼音为序）

李定坤　刘　伟　沈　玲　田玉岭

姚文虎　杨毅军　俞海英　赵　红

钟　备　周镇先

秘　书　袁受涛

序

掌握基础理论、基本知识和基本技能（简称“三基”）是医疗机构医务人员为广大患者服务的基本功，是提升医务人员业务素质，提高医疗质量，保证医疗安全最基本的条件。江苏省卫生厅曾于 1993 年编发《江苏省临床医生三基训练标准》（以下称《标准》）和《江苏省各级医院临床医生三基训练复习题解》（以下称《题解》），作为各级医院评审过程中的三基训练和三基考核的参考用书。十多年来，《标准》和《题解》对提高医务人员业务素质和医疗质量发挥了重要作用。由于医学科学技术的迅猛发展，人民群众医疗需求的日益增长，《标准》和《题解》的内容已显得滞后。为此，从今年 3 月起，江苏省卫生厅委托省医院管理学会组织全省临床各科专家在《标准》和《题解》基础上，重新编写这套三基训练指南，该《指南》内容上有较大扩充，尤其是充实了十多年来各科的新理论、新知识和新技能，使全书内容丰富、新颖、全面、科学，是全省医务人员必读的工具书、“三基”培训的指导书、医疗机构评审中“三基”考核的参考书，也是医务人员规范化培训、在职教育、医学院校实习生“三基”训练的参考书。相信它们会成为广大医务人员的良师益友。

《医疗机构医务人员三基训练指南》包括 16 个分册，即内科分册、外科分册、妇产科分册、儿科分册、眼科分册、耳鼻咽喉科分册、口腔科分册、皮肤性病科分册、传染科分册、急诊科分册、康复科分册、临床检验科分册、病理科分册、医学影像科分册、药学分册、医院管理分册。为便于各科医务人员阅读，各分册自成一册，内容上相对独立。

《医疗机构医务人员三基训练指南》的编撰出版，倾注了各分册主编和编写人员的大量心血，也得益于各医院的大力支持，在此表示衷心感谢。由于本书编撰工作量大，时间紧，不完善之处在所难免，请读者批评指正，以便再版时进一步完善。

唐维新

2004 年 11 月

前　言

随着我国卫生事业的发展，传染病的发病率总体下降，但有些传染病如病毒性肝炎的发病率仍居高不下。近年来，相继出现了一些新型的传染病，如SARS、禽流感，艾滋病的感染和发病人数在我国已进入快速增长期。因此传染病的防治形热仍然严峻。

今年，我国颁布了新修订的《传染病防治法》，江苏省成立了传染病医疗质量控制中心，传染病的诊疗已进入法制化、规范化的时代。为加强传染病医院及科室的基础管理，强化三基训练，我们组织有关专家编写了这本《医疗机构医务人员三基训练指南》(传染科)，作为各级传染病医院及科室“三基”训练和考试考核的参考用书。

随着医学科学的发展，传染病的诊疗技术也有了很多新的进展，在编写本书过程中，我们注意吸收了传染病诊疗的新理论及新技术，以期对广大传染科医务人员有所裨益。

《医疗机构医务人员三基训练指南》(传染科)的编写得到江苏省传染病专家的支持，江苏人民医院李军教授和鼓楼医院唐勤教授参加了本书的编写工作，在此表示感谢。由于编者的知识水平所限，疏漏之处在所难免。欢迎传染科医务人员在使用本书过程中，提出批评意见，以便再版时修订。

赵　伟

2004年11月

目　录

第一章　基础理论

第二章 基本知识

第三章　基本技能

第一章 基础理论

第一节 传染病基础

一、感染与免疫

1. 感染的概念 感染又称传染，是病原体对人的一种寄生过程。病原体通过各种途径进入人体后，就开始了感染过程。

2. 传染病感染过程中的表现

(1) 病原体被清除：病原体被消灭或排出体外。

(2) 隐性感染：又称亚临床感染，是指人体被病原体侵袭后组织损害较轻微，不出现或仅出现不明显的临床表现，通过免疫学检测，可发现对入侵病原体产生了特异性免疫。

(3) 显性感染：又称临床感染，是指人体被病原体侵袭后，不但引起机体发生免疫应答，同时通过病原体本身的作用或机体的变态反应，导致组织损伤，引起病理改变和临床表现。

(4) 病原携带状态：是指人体被病原体侵袭后，可以停留在入侵部位，或者侵入较远的脏器，继续生长、繁殖，人体不出现临床症状但病原体又不能被清除，从而成为重要的传染源。

(5) 潜伏性感染：是指病原体侵入后，寄生在人体的某个部位，由于机体免疫功能足以将病原体局限化而不引起显性感染，但又不足以清除病原体，病原体可长期潜伏下来，成为携带者。当机体免疫功能下降时，才引起显性感染。

3. 传染病感染过程中病原体的作用

(1) 侵袭力：是指病原体进入人体并在体内扩散的能力。

(2) 毒力：包括毒素(外毒素、内毒素)和毒力因子。

(3) 数量：在同一种传染病中，入侵病原体的数量一般与致病能力成正比。

(4) 变异性:是指病原体可因环境或遗传因素而产生变异。一般来说,人工培养多次传代的病原体,其致病力减弱。

4. 传染病感染过程中免疫应答的作用

(1) 非特异性免疫:是机体对进入人体的异物的一种清除机制。主要包括三个方面:天然屏障、吞噬作用、体液因子。

(2) 特异性免疫:是指由于对抗原特异性识别而产生的免疫。感染后的免疫都是特异性免疫,而且是主动的、通过细胞免疫和体液免疫的相互作用而产生免疫应答。

① 细胞免疫:致敏 T 细胞与相应抗原再次相遇时,通过细胞毒性和淋巴因子来杀伤病原体及其寄生的细胞。

② 体液免疫:致敏 B 细胞受抗原刺激后,即转化为浆细胞并产生能与相应抗原结合的抗体,即免疫球蛋白。

二、传染病的发病机制

1. 传染病的发生与发展　传染病的发生发展与病原体入侵门户、在机体内的定位及排出途径密切相关,疾病发展的阶段性是其共同特点。

2. 组织损伤的发生机制　在感染性疾病中导致组织损伤发生的方式有:直接侵犯、毒素作用、免疫机制。

3. 重要的病理生理变化

(1) 发热:是感染性疾病的一个重要的临床表现。

(2) 急性期改变:出现于感染或创伤后几小时或几天内。主要表现为蛋白质代谢、糖代谢、水电解质代谢及内分泌代谢的改变。

三、传染病的流行

1. 流行过程的基本条件

(1) 传染源:是指病原体在体内生长繁殖并能将其排出体外的人和动物,即患者、隐性感染者、病原携带者或动物。

(2) 传播途径:空气、接触、虫媒、血液、土壤。

(3) 人群易感性:对某一种传染病缺乏特异性免疫力的人称为易感者。易感者在某一特定人群中的比例决定了该人群的易感性。

2. 影响流行过程的因素

影响流行过程的因素包括自然因素和社会因素。

四、传染病的特征

(一) 基本特征

传染病的四个基本特征是:有病原体、有传染性、有流行病学特征、有感染后免疫。

(二) 临床特点

1. 急性传染病的发生、发展、转归通常分为四个阶段:

(1) 潜伏期:从病原体侵入到开始出现临床症状称潜伏期。

(2) 前驱期:从起病至症状明显开始为前驱期。

(3) 症状明显期:前驱期后病情发展达高峰,并出现各种传染病的特有症状。

(4) 恢复期:机体免疫力增强,病理生理过程基本终止,临床症状及体征基本消失。

2. 复发与再燃　有些传染病患者进入恢复期后,已稳定退热一段时间,潜伏在组织内的病原体再度繁殖,再次出现初发症状,称为复发。有些患者在恢复期时,体温未稳定下降至正常,又再发热,称为再燃。

3. 后遗症　传染病在恢复期结束后,机体功能仍长期未能恢复正常者称为后遗症。

(三) 常见症状和体征

1. 发热　感染性或非感染性原因均可引起发热。

(1) 传染病的发热过程可分为 3 个阶段。

① 体温上升期:体温骤升,或呈梯形缓慢上升。

② 极期:体温上升至一定高度后持续数天至数周。

③ 体温下降期：体温一天之内或数天内降至正常。

(2) 热型的鉴别诊断

① 稽留热：24 小时体温相差不超过 1℃，见于伤寒、斑疹伤寒等。

② 弛张热：24 小时体温相差超过 1℃，但最低点未达正常，见于伤寒缓解期、流行性出血热等。

③ 间歇热：24 小时内体温波动于高热与常温之下，见于疟疾、败血症等，又称为败血症型热。

④ 回归热：骤起高热，持续数日，高热重复出现，见于回归热、布氏菌病等。多次重复出现，并持续数月之久时，称为波状热。

⑤ 马鞍热：发热数日，退热一日，又再发热数日，见于登革热。

2. 发疹　许多传染病在发热的同时伴有发疹，称为发疹性感染。发疹包括皮疹(外疹)和黏膜疹(内疹)两大类。

疹子的鉴别诊断：

(1) 出现时间和先后顺序：水痘、风疹多发生于病程第一日，猩红热于第二日，天花于第三日，斑疹伤寒于第五日，伤寒于第六日等。

(2) 部位：水痘的疹子主要分布于躯干，天花的疹子多分布于面部及四肢，麻疹有黏膜疹(Koplik′s spot)，出疹顺序为耳后一面部一躯干一四肢等。

(3) 形态

① 斑丘疹：多见于麻疹、风疹、科萨奇及埃可病毒感染、EB 病毒感染等病毒性传染病和伤寒、猩红热等。

② 出血疹：多见于流行性出血热、登革出血热等病毒性传染病，斑疹伤寒、恙虫病等立克次体病和流行性脑脊髓膜炎、败血症等细菌病。

③ 疱疹或脓疱疹：多见于水痘、天花、单纯疱疹、带状疱疹等病毒性传染病，立克次体病及金黄色葡萄球菌败血症等。

④ 荨麻疹：多见于血清病、病毒性肝炎等。

3. 毒血症状　病原体的各种代谢产物可引起除发热以外的各种症状，如疲乏，全身不适，厌食，头痛，肌肉、关节、骨骼疼痛等。严重者可有意识障碍、谵妄、脑膜刺激征、中毒性脑病、呼吸及外周循环衰竭（感染性休克）等表现，也可引起肝、肾损害。

4. 单核一巨噬细胞系统反应　病原体及其代谢产物刺激单核一巨噬细胞系统，可出现充血、增生等反应，出现肝、脾和淋巴结肿大。

五、传染病的诊断、治疗和预防

1. 诊断资料　临床资料、流行病学资料和实验室检查及其他检查。

2. 治疗原则　治疗、护理、隔离、消毒。治疗的目的不仅在于促进患者的康复，更重要的是控制传染原。

3. 预防　管理传染源，切断传播途径，保护易感人群。

（赵　伟）

第二节　传染病临床

一、感染性发热的诊断及鉴别诊断

（一）发热的诊断

1. 详细询问病史

（1）流行病学史、发病季节、地区、接触史、预防接种史等。

（2）起病是急还是缓。

（3）热程：不同的热程可提示不同的疾病。

① 感染性疾病（约 40%）：主要有全身性感染与局灶性感染。全身性感染以伤寒、结核、败血症、细菌性心内膜炎多见；局灶性感染以肝脓肿、肾周围脓肿、泌尿系统感染多见。

② 长期低热：常见是结核，其次是局灶感染，如肾盂肾炎、胆

囊炎、扁桃体炎、支气管炎等。

(4) 热型:往往不同的热型提示不同的疾病。

(5) 发热及伴随症状。

2. 仔细全面的体格检查

(1) 发热伴皮疹:常见于风疹、水痘、猩红热、天花、麻疹、斑疹伤寒、伤寒、病毒感染及药疹等。根据皮疹出现的时间、部位、形态可以鉴别。

(2) 发热伴口唇疱疹:常见于大叶性肺炎、流脑、流感、疟疾四种疾病。

(3) 发热伴出血点:常见于流脑、流行性出血热、细菌性心内膜炎、败血症,也可见于重症麻疹。

(4) 发热伴寒战:可见于大叶性肺炎、败血症、急性胆囊炎、急性肾盂肾炎、流脑、钩端螺旋体病、疟疾、急性溶血等。

(5) 发热伴眼结膜充血:可见于麻疹、咽结核膜炎、流行性出血热、斑疹伤寒、恙虫病、钩端螺旋体病等。

(6) 发热伴淋巴结肿大。

(7) 发热伴肝脾肿大:常见于① 病毒感染:肝炎病毒、巨细胞病毒、EB 病毒。② 细菌感染:败血症、伤寒、布氏杆菌病。③ 原虫感染:疟疾、血吸虫、黑热病。

(8) 发热伴昏迷:要注意① 先发热后昏迷,常见于中枢神经系统感染(流脑、化脑、结脑、隐脑、病毒脑),严重性感染性疾病引起的中毒性脑病。② 先昏迷后发热:可见于脑外伤、脑血管意外、巴比妥类药物中毒等。

3. 实验室检查

① 三大常规。② 血沉。③ X 线检查。④ 血清学检查(根据需要可查肥达反应、冷凝集试验、凝溶试验、嗜异性凝集试验、抗"O"、黏蛋白、甲胎蛋白、及抗原抗体的检测)。⑤ 皮试。⑥ 各种培养:血、骨髓、大小便、脓液、胸水、腹水培养。⑦ 各种体液检查:胸水、腹水、关节液。⑧ 肝肾功能的检查。⑨ 骨髓穿刺。⑩ 活体组织检查。根据需要,进行超声波、心电图等检查。

4. 试验性治疗。

（二）感染性发热的鉴别诊断

1. 传染病所致发热

(1) 病毒感染：有四大特征：① 自限性发热。② 大多呈弛张热。③ 病毒血症可有明显乏力、食欲减退、过敏症状等。④ 血象：白细胞总数除乙脑、流行性出血热、狂犬病、传染性单核细胞增多症外，病毒感染白细胞总数通常正常或降低。

(2) 立克次氏体感染：斑疹伤寒、恙虫病目前在我国局部地区也有发生。

(3) 支原体、衣原体感染：常引起间质性肺炎、泌尿系统感染。

(4) 螺旋体病感染：梅毒、回归热很少见。

(5) 细菌性感染：葡萄球菌、链球菌、肺炎双球菌。

(6) 原虫感染：最常见的有疟疾。

(7) 寄生虫感染：急性血吸虫病、丝虫病。

(8) 真菌感染：内脏霉菌病。

2. 局部感染病灶所致发热

(1) 各器官炎症：副鼻窦炎、中耳炎、扁桃体炎、胆囊炎、胰腺炎等。

(2) 各器官脓肿：肝脓肿、膈下脓肿、肾周围脓肿、脑脓肿等。

3. 住院获得性发热　术后并发症、药物热、呼吸道感染、泌尿系统感染、静脉炎、引流不畅。

（俞海英）

二、感染性休克的发病机制、病理生理、诊断要点和治疗

感染性休克是由微生物及其毒素等产物直接或间接地引起急性微循环灌注不足，导致组织缺氧、细胞损害、代谢和功能障碍，甚至多器官功能衰竭的危重综合征。

1. 病因

(1) 致病菌：常见致病菌为革兰阴性细菌。

(2) 宿主因素：原有慢性基础疾病导致免疫防御功能低下，在

继发细菌感染后易并发感染性休克。

2. 发病机制与病理生理

(1) 微循环障碍

① 缺血缺氧期：通过神经反射、病因的直接作用等引起体内多种缩血管的体液因素增加，共同作用使微血管发生强烈痉挛（α受体兴奋），内毒素本身亦有拟交感作用，致微循环灌注减少，毛细血管网缺血缺氧。

② 淤血缺氧期：微循环血液灌注减少、组织缺血缺氧、无氧代谢时酸性产物（乳酸）增加、肥大细胞组胺释放、缓激肽形成增多，致微动脉舒张，毛细血管开放。微静脉端仍持续收缩，微循环内血液淤滞，毛细血管流体静压增高，其通透性增加，血浆外渗，造成组织水肿，血液浓缩，有效循环血量减少。

③ 微循环衰竭期：毛细血管网血流停滞，血细胞聚集，血管内皮损伤，促进内凝血过程、DIC。组织细胞严重缺氧、大量坏死，致多器官功能衰竭。

(2) 休克的细胞与分子水平发病机制：细胞代谢障碍可继发于血流灌注减少，也可发生在血流动力学改变之前。病原微生物及其产物可直接引起全身炎症连锁反应。内毒素作用于多种效应细胞（单核—巨噬细胞、中性粒细胞、内皮细胞）产生炎症因子。炎症反应是一双相反应，一旦启动，代偿性抗炎反应也被激活。炎症反应初始为肿瘤坏死因子（TNF）-α 与 IL-1，进一步引起 IL-6、IL-8、IL-12、干扰素（IFN），及其他脂类介质（血栓素、白三烯、血小板活化因子、前列腺素、补体等）释放。抗炎反应介质有 IL-4、IL-10、IL-13、前列腺素 E_2（PGE_2）等。

一氧化氮（NO）通过激活可溶性鸟苷酸环化酶提高细胞内 cGMP 水平，引起血管平滑肌扩张、收缩反应性降低，造成顽固性低血压并抑制心肌收缩力。血管通透性增加，抑制线粒体呼吸，降低血管平滑肌反应性，增加内毒素对内皮细胞的损害。

(3) 休克时的代谢改变：休克早期糖原和脂肪代谢亢进，表现为血糖、脂肪酸、甘油三酯增加；呼吸中枢受到刺激，引起呼吸增快、换气过度，导致呼吸性碱中毒。随着休克的进展，出现糖原耗竭、血糖降低、胰岛素分泌减少，胰高糖素则分泌增多；而脏器缺血缺氧，乳酸形成增多，导致代谢性酸中毒或混合性酸中毒，出现呼吸幅度和节律的改变。

4. 诊断要点

(1) 临床表现：对易诱发休克的感染性疾病患者应密切观察病情变化。下列征象的出现预示休克发生的可能：① 体温的两个极端（过高热＞40.5℃；或过低温＜36℃）；② 非神经系统感染而出现神志改变，如表情淡漠、烦躁不安；③ 呼吸加快伴低氧血症，和（或）出现代谢性酸中毒，胸部 X 线摄片无异常发现；④ 血压偏低或体位性血压降低（＞4.0kPa）；⑤ 心率明显增快（与体温升高不平行）或出现心律失常；⑥ 尿量减少。

(2) 实验室检查：血小板和白细胞（主要为中性粒细胞）减少，血清乳酸值增高，不明原因的肝、肾功能损害等。

5. 治疗原则

(1) 病因治疗。

(2) 抗休克治疗：① 补充血容量（胶体、晶体）。② 纠正酸中毒。③ 血管活性药物的应用（扩血管药、缩血管药）。④ 维护重要脏器功能（强心药物的应用、维护呼吸功能、急性肾功能衰竭的防治、DIC 的治疗、肾上腺皮质激素的应用）。

三、败血症的病原学及发病机制

败血症是指病原菌及其毒素侵入血流引起的临床综合征，是一种严重的全身感染。

1. 病原学

(1) 革兰阳性球菌：主要有葡萄球菌和链球菌。金黄色葡萄球菌（金葡菌）、高度耐药的表皮葡萄球菌（表葡菌）多见于院内感染败血症；肺炎链球菌可引发免疫缺陷者、老年人和婴幼儿败血症；B 组链球菌常引起新生儿败血症。

(2) 革兰阴性细菌：肠道杆菌（大肠埃希菌、肺炎克雷伯杆菌、假单胞菌属、阴沟肠杆菌及不动杆菌属）占院内感染败血症1/3以上。

（3）厌氧菌：占败血症病原的5％～7％，以脆弱类杆菌、梭状芽胞杆菌及消化链状菌多见。

（4）真菌：白念珠菌较多，其他常见有曲霉菌、隐球菌等。

（5）其他：免疫功能低下时，一些致病力很低的条件致病菌（李斯特菌、腐生葡萄球菌、分支杆菌）均可导致败血症。

2. 发病机制和病理

（1）人体免疫功能：免疫功能下降是败血症的最重要诱因。健康人病原菌入侵后，仅表现为短暂的菌血症。防御免疫功能缺陷，如恶性肿瘤及放化疗后、使用免疫抑制剂和广谱抗生素、创伤性检查和治疗的患者，机体局部和全身屏障功能破坏或丧失，易诱发败血症。

（2）细菌因素：病原菌入侵途径、毒力、数量及其产生的多种酶和毒素，是导致败血症的关键因素。金葡菌可产生多种酶和外毒素，革兰阴性杆菌产生的内毒素等均可导致人体相应的病理生理改变。

（3）病理变化：病原菌的毒素可引起组织和脏器细胞的水肿、坏死和脂肪变性。毛细血管损伤表现为皮肤和黏膜淤点和皮疹，迁徙性病灶可见肺、肝、肾、骨、皮下组织等处脓肿及心内膜炎、脑膜炎、骨髓炎等。单核-巨噬系统增生活跃，可致肝脾肿大。

4. 败血症的主要临床表现及鉴别诊断

（1）毒血症症状：起病较急，寒战、高热，以弛张热型或间歇热型多见，也可呈稽留热、不规则热或双峰热型。伴全身不适、头痛、多汗、气促、肌肉关节酸痛、恶心、呕吐、腹痛、腹泻等。重者可出现中毒性脑病、心肌炎、肝炎、肠麻痹、感染性休克、DIC等。

（2）皮疹：多为淤斑，也可有荨麻疹、斑疹、丘疹、疱疹或脓疱疹，分布于躯干、四肢、眼结膜、口腔黏膜等处。

（3）关节症状：表现为大关节红肿、疼痛、活动受限，少数有关节腔积液、积脓。

(4) 肝脾轻度肿大。

(5) 迁徙性损害：为细菌栓子播散至全身引起的化脓性病灶。

(6) 实验室检查：血白细胞计数及中性粒细胞增高。血培养病原学阳性。鲎溶解物试验(LLT)可以鉴别革兰阳性或阴性菌。

(7) 鉴别诊断：变异性亚败血症、伤寒、粟粒性结核、恶性组织细胞病等。

(陆重琳)

四、感染性腹泻的发病机制、病原学诊断和鉴别

感染性腹泻是由于细菌、毒素或病毒造成排便次数增多，并呈不同程度的稀便，常常伴有肠痉挛所致的腹痛。

1. 发病机制　由于细菌、毒素或病毒等造成肠黏膜分泌旺盛、水分吸收减少或全不吸收及肠蠕动亢进导致腹泻，出现脱水、酸中毒和电解质紊乱。

2. 病原学诊断和鉴别

(1) 沙门菌属性食物中毒

① 多集体发病，传染源为感染的动物、污染的食物或容器。

② 潜伏期 8～12 小时，长至 2～3 天，有腹痛，黄水样便、偶有脓血样便，量多。里急后重不明显。吐在泻前，呕吐物为胆汁、食物等。肛温上升。

③ 大便培养为沙门菌。

(2) 嗜盐菌性食物中毒

① 多集体发病，传染源为海产品、腌制品。

② 潜伏期 6～12 小时，长至 2～3 天，有腹痛，水样便或先为洗肉水样后为脓血样便，量多。里急后重不明显。吐在泻前，呕吐物为胆汁、食物等。肛温上升。

③ 大便培养为嗜盐菌。

(3) 金黄色葡萄球菌性食物中毒

① 多集体发病，传染源为污染的食物。

② 潜伏期1～5小时，有腹痛，黄水样便、量少，可有恶臭。里急后重不明显。吐在泻前，呕吐物为胆汁、食物等。肛温上升。

③ 大便培养为金黄色葡萄球菌。

(4) 大肠杆菌性食物中毒

① 散发或集体发病，传染源为隔夜剩饭菜、肉类或淀粉类食物。

② 潜伏期2～20小时，有腹痛，水样便、黏液样便、血样便，有恶臭。里急后重不明显。少有呕吐。肛温上升。

③ 大便培养为大肠杆菌。

(5) 急性细菌性痢疾

① 有与痢疾病者或带菌者密切接触史或有不洁饮食史。

② 潜伏期1～2天，有左下腹痛，脓血样便，粘胨样、量少。里急后重明显。可有呕吐，呕吐物为胆汁、食物等。肛温上升。

③ 镜检大量脓细胞，有吞噬细胞，无嗜酸性粒细胞。

④ 大便培养为痢疾杆菌。

(6) 肠出血性大肠杆菌肠炎(O_{157})

① 为痉挛性腹痛，初期为水泻，继而呈血水便，伴恶心、呕吐，不发热或低热。

② 末梢血白细胞总数和中性粒细胞轻度升高。少数病例经数天血水样腹泻后尿量急剧减少，出现尿毒症、末梢血血小板减少以及溶血性贫血。

③ 特异性诊断依赖从大便分离鉴定O_{157}:H_7性大肠杆菌。

(7) 霍乱及副霍乱

① 有与霍乱及副霍乱患者接触史或有不洁饮食史、或到疫区去过。

② 潜伏期2～3天，无腹痛或有较轻腹痛，黄水样便或洗肉水样或米泔样便，量多。无里急后重。可有呕吐，先泻后吐，呕吐物米泔样等。肛温正常或稍上升。

③ 大便培养为霍乱及副霍乱弧菌。

(8) 急性阿米巴痢疾

① 散发性，有进食污染的水、食物。

② 潜伏期 1～2 周，有右下腹痛，血样便，暗红、紫红样或果酱样，黏液样，量中等。腥臭，里急后重较轻。

③ 镜检无吞噬细胞，脓细胞少，有多数的嗜酸性粒细胞，有溶组织阿米巴滋养体及其包囊。

④ 大便培养痢疾杆菌阴性。

五、中枢神经系统感染的鉴别诊断和治疗

中枢神经系统感染，是由多种病原体（包括细菌、病毒、真菌、寄生虫、螺旋体、朊毒体等）侵犯中枢神经系统，引起的发热、头痛以及其他颅内高压综合征，抽搐，意识改变和局灶性神经症状，体征等脑部临床表现。感染进展迅速，能在短期内造成死亡或终生损害。

1. 鉴别诊断

(1) 临床表现

① 发热：中枢神经系统感染时一般起病急，但结核菌感染和真菌感染时起病多缓；发热时常伴有畏寒，细菌性感染时多伴有寒战。

② 头痛：呈持续性，以前额为重，早期头痛多不严重，但颅内压急剧增高者，头痛可较剧烈。清晨头痛明显，但起床活动后疼痛可减轻。随着病情的发展，头痛逐渐加重。婴幼儿颅内压增高，由于颅缝分离，囟门突隆得到代偿，其头痛症状不明显，但稍大一点的孩子常诉头晕。

③ 呕吐：呈喷射性呕吐。

(2) 实验室检查

① 中枢神经系统感染时脑脊液（CSF）的变化情况：见表 1－1。

表 1-1　中枢神经系统感染 CSF 变化

疾病	压力	外观	WBC（$\times 10^6$/L）	蛋白	糖	氯化物
化脑	↑↑↑	混浊	1 000 以上，N 为主	↑↑↑	↑↑	↑↑
结脑	↑↑	清或微混	500 以下，L 为主	↑↑	↓↓	↓↓
病脑	↑	清亮	1 000 以下，L 为主	↑	正常	正常
乙脑	↑	清亮	1 000 以下，N 为主	↑	正常	正常
隐脑	↑↑↑	清或微混	500 以下，L 为主	↑	↓↓	↓
钩体病	↑	清亮	200 以下，L 为主	↑	正常	正常
疟疾	↑	清亮	正常或稍高	正常	正常	正常
阿米巴	↑	脓性或红棕色	增高，有 RBC	↑	↓	↓
寄生虫	↑	清亮	500 以下，E 为主	↑	↓	↓

② CSF 病原学检查

a. 涂片及染色：革兰染色、抗酸染色、墨汁染色。

b. 培养。

c. 动物接种。

d. 抗原、抗体。

e. PCR。

f. 鲎溶解物试验。

③ 外周血象：细菌感染时，白细胞数量可以升高，以中性粒细胞为主；病毒感染时，早期血象可以轻度升高，很快恢复正常。但流行性乙型脑炎（乙脑）患者，白细胞计数可以明显升高，以中性粒细胞为主；其他病原体感染时外周血象变化一般不明显。

④ 病原体检测：血液或体内其他部位感染灶的细菌培养对化脑诊断有帮助；大便或肠道阿米巴滋养体对阿米巴脑膜炎也有帮助等。

⑤ 中枢神经系统感染的影像学检查：对大多数中枢神经系统感染，CT 或 MRI 检查无特殊意义，但对脑脓肿有诊断意义，对颅内寄生虫病如囊虫病、包虫病等的诊断有很大帮助。

2. 治疗

(1) 病因治疗:最关键。

(2) 对症治疗:

① 卧床休息:防止剧烈运动,以减少能量的消耗和脑疝的形成。

② 降温:在诊断明确前,一般不主张用降温药物;为防止过高热和加重脑水肿,可以采用物理降温或化学降温,如温水或酒精擦浴、冰盐水或冷盐水灌肠、冰帽、冰袋、降温药物的使用。必要时可以使用亚冬眠疗法:一般用氯丙嗪与异丙嗪各 1～2 mg/kg,肌内注射,2～4 小时 1 次,2～3 次,必要时加用苯巴比妥钠 5 mg/kg,肌内注射,或水合氯醛 40～60 mg/kg 灌肠。

③ 降低颅内压:常用甘露醇、速尿(呋塞米)、白蛋白、肾上腺皮质激素、高渗葡萄糖。

④ 抗抽搐药物应用:如鲁米那(苯巴比妥)、苯妥英钠、副醛、水合氯醛、安定(地西泮)及其他镇静剂等。

⑤ 补液纠正酸碱失衡、电解质紊乱及支持治疗。

⑥ 呼吸衰竭的治疗:应保持呼吸道的通畅,充分给氧,根据病情予以呼吸兴奋剂等,必要时行气管切开和人工辅助呼吸。

⑦ 促进脑细胞代谢药物的应用:能量合剂三磷酸腺苷(20 mg)、辅酶 A(50 U)、和细胞色素 C(15～30 mg)稀释在葡萄糖液中,静脉滴入。

⑧ 改善微循环,增加脑灌流量:东莨菪碱、丹参、低分子右旋糖酐等。

⑨ 苏醒剂的应用:胞二磷胆碱、醒脑静、牛黄清心丸、至宝丹、紫雪丹等。

(俞海英)

六、抗菌药物的临床应用

1. 抗菌药物的药代动力学

(1) 抗微生物药的体内过程

① 吸收：一般药物口服后1～2小时，肌注后0.5～1小时血浓度可达峰值。口服后吸收迅速、完全，生物利用度高者有：氯霉素、克林霉素、头孢氨苄、头孢拉定、阿莫西林、利福平、异烟肼、SMZ－TMP、氟胞嘧啶、甲硝唑、氟喹诺酮类（氧氟沙星、依诺沙星、培氟沙星等）。口服后很少吸收或不吸收的有：氨基糖苷类、多黏菌素类及万古毒素、两性霉素B等，吸收量为给药量的0.5%～3%。

② 分布：一般血供丰富的组织，如肝、肾、肺等药物浓度较高，脑、脑脊液、骨、前列腺等药物浓度则较低。骨组织中浓度较高的药物有：克林霉素、林可霉素、氟喹诺酮类，骨组织中药物浓度可达血中浓度的0.3～2倍；前列腺中药物浓度较高的药物有：氟喹诺酮类、SMZ－TMP等；脑脊液中浓度较高的药物有：氯霉素、磺胺类、异烟肼、氟胞嘧啶、甲硝唑等。无论脑膜有无炎症，脑脊液中药物均可达有效杀菌或抑菌水平；浆膜腔和关节腔中药物浓度可接近血浓度的50%～100%，一般不需局部注入药物。易穿过血胎盘屏障进入胎儿体内的药物有：氨基糖苷类、四环素、氯霉素、磺胺药、TMP、呋喃妥因、氟喹诺酮类。此类药物的胎儿血药浓度相当于母体血浓度的50%～100%。

③ 代谢：部分抗菌药物在体内代谢的产物可保持原有抗菌活性，也可减弱或消失。氯霉素、异烟肼、磺胺药、头孢噻肟等在肝内代谢后抗菌活性均较原药明显减低，代谢产物可与原药同时从肾或肝胆系统排出。

④ 排泄：肾脏排出：多数抗菌药自肾脏排出。大环内酯类、林可霉素类和利福平等主要不经肾排泄，在尿中可达到有效药物浓度。胆汁排出：大环内酯类、利福平、头孢哌酮、头孢曲松、哌拉西林等主要由肝胆系统排出。氯霉素、多黏菌素、万古霉素等在胆汁中浓度低。粪排泄：大环内酯类、利福平、氨基糖苷类和万古霉素粪便中药物浓度较高。血液透析：氨基糖苷类和头孢菌素类可被大部分消除。

2. 抗菌药物的组织与体液浓度　抗菌药物的血药浓度一般

高于组织体液浓度的2～10倍，血药浓度应达到病原菌最低抑菌浓度(MIC)的2～10倍，就可以保证感染部位的有效组织和体液浓度。

3. 抗菌药物的临床应用原则

(1) 尽早确立病原学诊断。

(2) 掌握抗菌药物的适应证、抗菌活性、药动学和不良反应。

(3) 合理用药：根据不同年龄患者的生理、病理、免疫状态等选药。

(4) 不明原因发热、疑似病毒性疾病者不宜用抗菌药物。

(5) 尽量避免局部(皮肤、黏膜)应用抗菌药物。

(6) 抗菌药物联合应用应考虑抗菌药物的"无关、累加、协同、拮抗"作用。

4. 抗菌药物的不良反应

(1) 毒性反应

① 神经系统：中枢系统：青霉素类静脉应用如剂量过大、浓度过高或注射速度过快时可引起"青霉素脑病"，出现惊厥、癫痫、昏迷、肌阵挛等表现，一般于用药后24～72小时内出现。脑神经：氨基糖苷类损害第八对脑神经，易引起前庭功能损害或耳毒性，万古霉素、多黏菌素等也有一定耳毒性，氯霉素长期口服可引起视神经炎。神经肌肉接头阻滞：胸腹腔内放置或大剂量静注氨基糖苷类或多黏菌素，出现眼睑下垂、复视、吞咽困难、四肢无力、神志不清、呼吸麻痹等。周围神经炎：氨基糖苷类、异烟肼、乙胺丁醇、呋喃类药、多黏菌素等均可引起。精神症状：氯霉素、普鲁卡因青霉素、异烟肼、两性霉素B等均可引起失眠、幻视幻听、定向力障碍、癫痫样发作等。

② 肾：多数由肾脏排泄的抗菌药物，肾毒性常见，依次为氨基糖苷类、多黏菌素、两性霉素B、万古霉素，青霉素类及第一代头孢菌素。

③ 肝：β-内酰胺类、异烟肼、利福平、两性霉素B、磺胺类等均可引起肝损害。

④ 血液系统：β-内酰胺类、氯霉素、链霉素、四环素类、两性霉素B、万古霉素、多黏菌素、利福平、灰黄霉素等可抑制造血，引起贫血、白细胞和粒细胞减少、血小板减少。

(2) 变态反应：抗菌药可引起各种变态反应，表现为过敏性休克、药物热、皮疹、血清病样反应、血管神经性水肿。青霉素引起过敏性休克最多见，其次为链霉素。氨苄西林最易引起皮疹。

(3) 二重感染：长期或应用多种抗菌药物，可能诱发二重感染，以广谱抗菌药物常见。金黄色葡萄球菌、革兰阴性杆菌及念珠菌常致肺炎及败血症，口服抗菌药物易引起念珠菌口炎、舌炎等。除万古霉素外，几乎所有抗菌药物都可引起假膜性肠炎。

七、抗病毒药物的临床应用

1. 抗病毒药物的作用机制　病毒寄生于人体或动物细胞内，其复制依赖于寄生宿主细胞的代谢过程。病毒特异编码的基因通过病毒和寄生宿主细胞的酶系统，在细胞内复制，合成病毒的核酸、蛋白和酶等成分，组成完整病毒颗粒。病毒复制周期分为吸附、穿入、脱壳、病毒核酸合成、装配和释放。

2. 抗病毒药物临床应用应注意的问题

(1) 抗病毒药可保护未感染细胞，感染早期未产生明显病变时疗效好。

(2) 抗病毒药多为病毒复制的抑制剂。

(3) 抗病毒药可产生耐药性，病毒很容易产生变异。

3. 抗病毒药物的种类

(1) 核苷类：碘苷、无环鸟苷、阿糖腺苷、三氮唑核苷等。

(2) 干扰素和干扰素诱导剂。

(3) 其他化学性抗病毒药：金刚烷胺、甲基金刚烷胺、磷甲酸等。

八、肾上腺皮质激素在传染病中的作用

1. 肾上腺皮质激素的药理作用

(1) 抗炎作用:能降低毛细血管和细胞膜的通透性,减少炎性细胞、体液及电解质渗出血管外。

(2) 抗毒作用:能稳定细胞溶酶体膜,减少溶酶体内各种蛋白水解酶的释放。

(3) 抗过敏作用:可抑制肥大细胞释放组胺等介质,减轻全身过敏反应;大剂量皮质激素还能抑制 T、B 淋巴细胞成熟,并使成熟的淋巴细胞加速溶解,因而能减轻速发型和迟发型变态反应。

(4) 抗休克作用:能增强人体对儿茶酚胺的缩血管反应;大剂量时能解除内脏小动脉的痉挛性收缩,改善微循环的灌注,改善休克状态。

(5) 退热作用:能抑制中性粒细胞、巨噬细胞、单核细胞释放内源性致热原;降低下丘脑体温调节中枢对内源性致热原的反应。

(6) 抗免疫作用:抗免疫作用能够消除或缓解某些炎症的表现。当机体缺乏糖皮质激素时,免疫功能降低,补充生理剂量的激素可使之恢复正常。

(7) 利胆退黄作用:能非特异地减轻肝细胞和毛细胆管炎症和水肿,并能促进毛细胆管对胆汁的排泌。

(8) 对胃肠道的作用:增加胃肠道消化液和消化酶的分泌,促进胆盐合成和胆汁分泌。

(9) 抗脑水肿作用:能减低毛细血管通透性,维持血脑屏障的完整性,减轻神经胶质的肿胀,抑制纤维母细胞,减少胶原纤维形成,故能减轻脑水肿与减少颅内粘连作用。

(10) 对血液与造血系统的作用:能刺激骨髓造血机能,使红细胞和血红蛋白含量增加。大剂量可使血小板增多并提高纤维蛋白原浓度。

2. 适应证和禁忌证

(1) 绝对适应证:严重感染(重症败血症、重症流脑或其他严重感染引起的急性肾上腺皮质功能不全)。

(2) 一般适应证:细菌性感染,如伤寒、中毒型菌痢、流脑、败血症、百日咳、布氏杆菌病等;病毒感染,如病毒性肝炎、传染性单核细胞增多症、麻疹、流行性腮腺炎、流行性出血热、流行性乙型脑炎、脊髓灰质炎；立克次体病；螺旋体病，如钩端螺旋体病、回归热；寄生虫病，如急性血吸虫病、疟疾等。

(3) 绝对禁忌证：水痘、单纯疱疹及疱疹性角膜炎、痘苗接种、带状疱疹、真菌感染及阿米巴病等。

(4) 相对禁忌证：有活动性胃、十二指肠溃疡、中度以上糖尿病、重症高血压病、库欣综合征、精神病、骨折等。

3. 肾上腺皮质激素常见的不良反应和并发症

(1) 药物本身的不良反应

① 代谢失调：电解质代谢，潴钠水、排钾作用，长期应用引起高血钠、低血钾、水肿。蛋白质代谢，加速蛋白质分解，长期应用引起肌肉萎缩、骨质疏松及自发性骨折。糖代谢，促进糖异生和抑制葡萄糖分解利用，使血糖升高。脂肪代谢，皮质激素过多时，促使脂肪重新分布，集中于面部、肩背部。

② 类库欣综合征：常见向心性肥胖、多毛、痤疮、低血钾、高血压、血糖增高、水肿、食欲亢进等。停药后症状和体征逐渐消退。

(2) 各系统的并发症

① 消化系统：溃疡病加重，出血；肠道出血，穿孔；胰腺炎，胰腺坏死；脂肪肝。

② 神经系统：精神改变、欣快感、兴奋、失眠、不安、易激动等，可诱发原有的精神病及癫痫发作。

③ 内分泌系统：医源性肾上腺皮质功能不全，长期大量使用皮质激素可抑制垂体前叶分泌促肾上腺皮质激素，使肾上腺皮质萎缩，突然停药可发生肾上腺皮质功能不全甚至危象。妇女可引起月经失调或停经。

(3) 并发感染或使原有感染扩散。

(4) 停药综合征与“反跳”现象：突然停药，体内激素浓度快速下降，可出现乏力、全身不适、恶心、呕吐、肌肉关节疼痛或原有症状加重、病情恶化。

（陆重琳）

九、医院感染的概念和防治

1. 医院感染的概念　医院感染是指住院病人在医院内获得的感染，包括住院期间发生的感染和在医院内获得、出院后发生的感染；但不包括入院前开始或入院时已存在的感染。医院工作人员在医院内获得的感染也属医院感染。

下列情况属于医院感染：

(1) 无明确潜伏期的感染，规定入院48小时内发生的感染为医院感染；有明确潜伏期的感染，自入院时起超过平均潜伏期后发生的感染为医院感染。

(2) 本次感染直接与上次住院有关。

(3) 在原有感染基础上出现其他部位新的感染(除外脓毒血迁徙灶)，或住院感染已知病原体基础上又分离出新的病原体(排除污染和原来的混合感染)的感染。

(4) 新生儿分娩过程中和产后获得的感染。

(5) 由于诊疗措施的潜在性感染，如疱疹病毒、结核杆菌等的感染。

(6) 医务人员在医院工作期间获得的感染。

下列情况不属于医院感染：

(1) 皮肤黏膜开放性伤口，只有细菌定植而无炎症表现。

(2) 由于创伤或非生物性因子刺激产生的炎症表现。

(3) 新生儿胎盘获得(出生后48 h内发病)的感染，如单纯疱疹、弓形虫病、水痘等。

(4) 患者原有的慢性感染在医院内急性发作。

2. 医院感染的防治

(1) 完善医院感染监控组织系统。

(2) 提高医护人员医德境界，严格执行无菌操作。

(3) 提高消毒隔离工作质量。

(4) 去污染措施。

(5) 提高合理使用抗菌药物水平。

(6) 加强对新生儿室暴发性感染的控制。

（俞海英）

第三节　肝脏的生理和解剖

一、肝脏生理解剖

1. 肝脏大体　肝是人体最大的腺体，位于右上腹区，呈楔形，可分为下两面和前、后、左、右四缘。上面为膈面，表面借肝镰状韧带分为左、右两叶。左叶小而薄，右叶大而厚。肝的下面凹凸不平，又叫脏面，此面有"H"形的左右两条纵沟和一条横沟。横沟为肝门，有肝管、门静脉、肝固有动脉、淋巴管和神经。

2. 肝脏血管　入肝血管是肝固有动脉和门静脉，前者是肝脏的营养血管，后者是肝的功能血管。出肝血管即静脉系，入下腔静脉。肝的基本结构单元为肝小叶，由肝细胞排列成索状组成。肝的血液供应，1/4 来自肝动脉，3/4 来自门静脉。门静脉血携带胃肠道消化吸收产物和脾的红细胞代谢产物。肝动脉供应氧气。血液由肝小叶中心静脉通过肝静脉流入下腔静脉。

3. 胆道系统　由毛细胆管开始集合成小叶间胆管，再汇合成左右肝管由肝门出肝，汇合成肝总管，再与胆囊管汇合成胆总管，开口于十二指肠乳头部。胆管起输送、排泄胆汁的作用，胆囊起浓缩胆汁和调节胆流作用。

二、肝脏主要生理功能

1. 分泌功能　肝细胞能不断地分泌胆汁，通过胆总管进入十二指肠，促进脂肪的消化和吸收。

2. 物质代谢作用　① 贮存糖原，在调节血糖浓度中起重要作用。② 氨基酸、脂肪等在肝内可转变为糖，葡萄糖也可在肝内转为脂肪酸及某些氨基酸。③ 肝脏可合成蛋白质、某些凝血因子

(纤维蛋白原、凝血酶原等),并能将氨合成尿素通过肾脏排出体外。④ 肝脏是脂肪运输的枢纽,可进行脂肪酸的氧化,肝脏还是体内脂肪酸、胆固醇和磷脂合成的主要部位之一。⑤ 肝脏是人体内主要的解毒器官。

三、胆红素正常代谢和黄疸的鉴别

1. 胆红素正常代谢

(1) 胆红素的来源:衰老红细胞破坏后所释放的血红蛋白为胆红素的主要来源,占 80~85%。骨髓中未成熟红细胞内的血红蛋白占 10%~15%;其余 1%~5%来自肝中的游离血红素及含血红素的蛋白质。血红蛋白被肝、脾、骨髓内的单核—巨噬细胞系统吞食、破坏和分解,在组织蛋白酶的作用下,成为血红素和珠蛋白。血红素在微粒体血红素加氧酶催化下转变为胆绿素,在还原酶作用下形成游离胆红素(即非结合型胆红素)。

(2) 胆红素的运输:游离胆红素与血循环中白蛋白结合,形成胆红素—白蛋白复合物。运载到肝脏。

(3) 胆红素的摄取:在肝窦,胆红素被肝细胞微窦摄取,将白蛋白与胆红素分离,由载体 Y、Z 蛋白携带到微粒体。

(4) 胆红素的结合:游离胆红素在微粒体内,经葡萄糖醛酸转移酶催化,与葡萄糖醛酸基结合,即结合胆红素,占总量的 75%左右,形成胆红素葡萄糖醛酯。部分通过硫酸转移酶的催化,15%生成为胆红素硫酸酯;9%~10%由甲基或甘氨酸与胆红素羧基相结合。

(5) 胆红素的排泄:结合胆红素经高尔基体运送到毛细胆管,经胆道系统排入肠道,在肠道细菌脱氢酶的作用还原为尿胆原,大部分随粪便排出,称粪胆原。小部分经回肠下段或结肠重吸收,通过门静脉入肝,转变为胆红素,或未经转变再随胆汁排入肠内。此过程称为“肝肠循环”。肠道重吸收的尿胆原,很小部分进入体循环,经肾脏从尿中排出。

2. 黄疸的鉴别

(1) 肝细胞性黄疸:中青年多见,常有肝炎接触史、血制品注射或服药史。肝区有(或无)疼痛。肝脏轻度或中度肿大伴压痛，胆囊不肿大，可有腹水。实验室检查可见尿胆原增加、尿胆红素阳性，谷丙转氨酶明显增多，碱性磷酸酶正常或轻度增高，胆固醇正常或降低，凝血酶原时间可延长。B超显示无肝内胆管扩张。食道钡透示肝硬化门脉高压者可有静脉曲张。

(2) 阻塞性黄疸：肝外癌肿阻塞者年龄较大，皮肤瘙痒、陶土样便，根据阻塞原因及部位可有不同症状。肝内胆汁淤积或肝肿瘤时可有肝肿大，远端肝外阻塞时可有胆囊肿大。实验室检查尿胆原缺如(完全阻塞)，尿胆红素阳性，ALT正常或轻度增高，ALP增高，胆固醇增高，凝血酶原时间延长能纠正。B超肝内淤胆者无胆管扩张，肝外阻塞时，有肝内胆管扩张，可见结石及占位病变。PTC及ERCP：肝内淤胆造影无异常改变，肝外阻塞可有肝内胆管扩张及结石或肿瘤阴影。

(3) 溶血性黄疸：轻度黄疸急性发作时有发热，腰背酸痛，贫血外观，可有血红蛋白尿，皮肤无瘙痒，骨髓增生旺盛，脾肿大。尿胆原增加，尿胆红素阴性。血清铁及尿含铁血黄素增加。有关的溶血试验出现阳性结果。

四、肝脏与糖、脂肪、蛋白质代谢的关系

1. 与糖代谢的关系　肝脏能使葡萄糖、某些氨基酸、脂肪中的甘油等变成糖原储存，当身体需用糖时即分解为葡萄糖。

2. 与脂肪代谢的关系　肝脏参与脂肪的摄入，体内储存脂肪的动员和氧化，脂类在体内的合成代谢。

3. 与蛋白质代谢的关系　全部白蛋白、凝血酶原、大部分凝血因子、纤维蛋白原和部分α及β球蛋白均在肝脏合成。肝脏能将有毒的氨转变为无毒尿素。

五、肝脏功能检查及临床意义

1. 胆红素代谢障碍　总胆红素增高，说明肝细胞有破坏，胆红素代谢障碍。

续表 1－2

名称	免疫期
精制破伤风抗毒素	3周
多价精制气性坏疽抗毒素	3周
精制肉毒抗毒素	3周
精制抗狂犬病血清	3周
乙型肝炎免疫球蛋白(HBIG)	2月
人丙种球蛋白	3周

3．儿童计划免疫程序　见表1－3。

表1－3　儿童计划免疫程序

起始免疫年(月)龄	疫　苗
出生	卡介苗、乙肝疫苗
1月	乙肝疫苗
2月	脊髓灰质炎三价混合疫苗
3月	脊髓灰质炎三价混合疫苗、百白破混合制剂
4月	脊髓灰质炎三价混合疫苗、百白破混合制剂
5月	百白破混合制剂

三、常用的消毒方法

1．消毒的概念　消毒是指用化学、物理、生物的方法杀灭或消除环境中的致病微生物，达到无害化。

2．消毒的种类

(1) 疫源地消毒：指对目前存在或曾经存在传染源的地区进行消毒。其目的是杀灭由传染源排到外界环境中的病原体。可分为：

① 终末消毒：当患者痊愈或死亡后，对其原居住地进行的最后一次彻底消毒。消毒范围除包括对患者所处环境，接触物品和

排泄物消毒外，还包括患者治愈后出院前的一次自身消毒或病人死后的尸体消毒处理。

② 随时消毒：指对传染源的排泄物、分泌物及其所污染的物品及时进行消毒。

（2）预防性消毒：指未发现传染源，对可能受病原体污染的场所、物品和人体所进行的消毒措施。如饮水消毒、餐具消毒、手术室和医护人员手的消毒等。

3. 常用消毒方法的分类　根据消毒杀灭微生物种类的作用强弱可将各种物理和化学消毒方法分为灭菌、高效、中效、低效四种消毒方法。

（1）灭菌法：可杀灭外界环境中的一切微生物。

（2）高效消毒法：可以杀灭一切致病性微生物的消毒方法。

（3）中效消毒法：可杀灭除细胞芽胞以外的各种微生物。

（4）低效消毒法：只能消灭细菌繁殖体和亲脂病毒。

4. 消毒效果的监测　消毒效果的监测主要方法有物理测试法、化学指示剂测试法、生物指示剂测试法、自然菌采样测定法和无菌检查法。

（1）物理测试法：是通过仪表来测试消毒时的温度、压力及强度等是否达到消毒灭菌的要求。

（2）化学指示剂测试法：用化学试纸，通过观察化学试纸经消毒、灭菌后颜色变化来判断灭菌时所达到的温度。

（3）生物指示剂测试法：利用非致病菌芽胞作为指示菌。干热灭菌时使用枯草杆菌黑色变种芽胞作为指示菌。消毒灭菌的同时，将载有指示菌的适当载体置于消毒器内，消毒灭菌结束后，根据指示菌培养的结果测定灭菌效果。

（4）自然菌采样测定法：用于空气、表面消毒效果检查。自然采集消毒后空间的标本，通过细菌培养，观察细菌种类和菌落数是否达到消毒的要求。

（5）无菌检查法：通过细菌培养检查消毒火菌后样品中的需氧菌、厌氧菌及霉菌是否阳性，同时设立相应的阳性对照。除阳性对照外，从消毒灭菌后的物品上采取样品培养无菌生长。

四、中华人民共和国传染病防治法

1. 传染病防治方针　国家对传染病实行预防为主的方针，防治结合，分类管理。

2. 传染病的分类和范围　传染病分为甲类、乙类和丙类。

甲类传染病是指：鼠疫、霍乱。

乙类传染病是指：病毒性肝炎、细菌性和阿米巴痢疾、伤寒和副伤寒、艾滋病、淋病、梅毒、脊髓灰质炎、麻疹、百日咳、白喉、流行性脑脊髓膜炎、猩红热、流行性出血热、狂犬病、钩端螺旋体病、布鲁氏菌病、炭疽、流行性和地方性斑疹伤寒、流行性乙型脑炎。黑热病、疟疾、登革热。

丙类传染病是指：肺结核、血吸虫病、丝虫病、包虫病、麻风病、流行性感冒、流行性腮腺炎、风疹、新生儿破伤风、急性出血性结膜炎、除霍乱、痢疾、伤寒和副伤寒以外的感染性腹泻病。

五、突发公共卫生事件应急条例

1. 突发公共卫生事件（以下简称突发事件）　指突然发生，造成或者可能造成社会公众健康严重损害的重大传染疫情、群体性不明原因疾病、重大食物和职业中毒以及其他严重影响公众健康的事件。

2. 突发事件应急工作原则及分工

(1) 突发事件应急工作，应当遵循预防为主、常备不懈的方针，贯彻统一领导、分级负责、反应及时，措施果断、依靠科学、加强合作的原则。

(2) 突发事件发生后，国务院设立全国突发事件应急处理指挥部，国务院主管领导人担任总指挥，负责对全同突发事件应急处理的统一领导、统一指挥。

(3) 突发事件发生后，省、自治区、直辖市人民政府成立地方突发事件心急处理指挥部，省、自治区、直辖市人民政府主要领导人担任总指挥，负责领导、指挥本行政区域内突发事件应急处理工作。

(4) 县级以上地方人民政府卫生行政主管部门，具体负责组织突发事件的调查、控制和医疗救治工作。

(刘　伟)

第二章　基本知识

第一节　病毒感染

一、病毒性肝炎

病毒性肝炎是由多种肝炎病毒引起的，以肝脏损害为主的一组全身性传染病。按病原学分甲型肝炎、乙型肝炎、丙型肝炎、丁型肝炎、戊型肝炎等；按临床分急性肝炎、慢性肝炎、重型肝炎、肝炎肝硬化、淤胆型肝炎、慢性无症状携带者等。

1. 病原学

(1) 甲型肝炎病毒（HAV）：属微小 RNA 病毒科中的嗜肝病毒。感染后早期产生 IgM 型抗体，是近期感染的标志，IgG 型抗体则是过去感染的标志。HAV 抵抗力较强，能耐受 60℃ 30 分钟，室温一周，100℃ 1 分钟可将其灭活。

(2) 乙型肝炎病毒（HBV）：是嗜肝 DNA 病毒科属。完整的 HBV 颗粒直径 42nm，又名戴恩（Dane）颗粒，由包膜与核心两部分组成，包膜内含 HBsAg、糖蛋白与细胞脂肪；核心内含环状双股 DNA、DNA 聚合酶（DNAP）、核心抗原（HBcAg），是病毒复制的主体。HBV 的抵抗力很强，能耐受 60℃ 4 小时及一般浓度的消毒剂，高压蒸汽可灭活。

HBV 的抗原抗体系统：

① HBsAg 与抗 HBs：HBsAg 是 HBV 存在的间接指标，本身只有抗原性，无传染性；抗 HBs 是一种保护性抗体，阳性表示对 HBV 有免疫力。

② HBcAg 与抗 HBc：HBcAg 主要存在于感染的肝细胞核内，血液中检测出是 HBV 复制的标记；IgM 型抗 HBc 是 HBV 感

染后较早出现的抗体;IgG 型抗 HBc 出现较迟,但可保持多年。

③ HBeAg 与抗 HBe:HBeAg 一般仅见于 HBsAg 阳性血清,是 HBV 复制和有传染性的重要标记;抗 HBe 在 HBeAg 阴转后出现,表示 HBV 复制减少。

HBV 的分子生物学标记:

① HBV-DNA 是病毒复制和传染性的直接标志。定量检测 HBV DNA 对于判断病毒复制程度、传染性的大小、抗病毒药物疗效等有重要意义。

② HBV-DNA 聚合酶(HBV-DNAP)活力是判断病毒复制高低,传染性大小的指标之一,但受仪器设备的特殊要求,在临床应用中受到一定限制。

(3) 丙型肝炎病毒(HCV)为黄病毒科丙型肝炎病毒属,HCV 对有机溶剂敏感,煮沸、紫外线等可使 HCV 灭活。根据基因序列的差异可将 HCV 分为不同的基因型。

HCV 的抗原抗体系统:

① HCVAg 在血清中含量很低,检出率不高

② 抗 HCV 不是保护性抗体,是 HCV 感染的标志,抗 HCV 又分为 IgM 型和 IgG 型。

③ HCV-RNA 是病毒感染和复制的直接标志。定量检测有助于了解病毒复制程度,抗病毒治疗的选择及疗效评估。

(4) 丁型肝炎病毒(HDV):是一种缺陷 RNA 病毒,必须有 HBV 才能存在。

(5) 戊型肝炎病毒(HEV):又名肠道传播型非甲非乙型肝炎病毒,为单股正链 RNA 病毒。

2. 流行病学

(1) 甲型肝炎:传染源为急性期患者和隐性感染者。传播途径主要为粪-口传播。抗 HAV 阴性者为易感人群。

(2) 乙型肝炎:传染源主要是急慢性乙型肝炎患者和病毒携带者。传播途径是体液传播。抗 HBs 阴性者为易感人群。流行特征有地区性差异、性别差异、无明显季节性、散发为主,有家族聚

集现象，婴幼儿感染多见。

(3) 丙型肝炎：传染源为急慢性患者和病毒携带者。传播途径类似乙型肝炎。

(4) 丁型肝炎：传染源和传播途径类似乙型肝炎。与乙型肝炎以同时感染或重叠感染形式存在。

(5) 戊型肝炎：传染源和传播途径类似甲型肝炎，但有以下特点：暴发流行多为粪便污染水源所致；隐性感染多见；原已感染 HBV 的患者以及孕妇感染 HEV 死亡率高；春冬季为发病高峰；抗 HEV 不是保护性抗体。

3. 发病机制

(1) 甲型肝炎：抗 HAV 产生后可能通过免疫复合物机制使肝细胞破坏。

(2) 乙型肝炎：乙型肝炎的发病机制非常复杂，肝细胞病变主要取决于机体的免疫状态。由于机体免疫反应不同，导致临床表现各异。乙型肝炎的肝外损伤主要由免疫复合物引起。

(3) 丙型肝炎：HCV 致肝细胞损伤免疫应答起重要作用。同时参与的因素包括：HCV 直接杀伤作用；宿主免疫因素；自身免疫；细胞凋亡。HCV 感染者约 50%以上转为慢性肝炎。

(4) 丁型肝炎：HDV 致肝细胞损伤免疫应答起重要作用

(5) 戊型肝炎：抗 HEV 产生后可能通过细胞免疫使肝细胞破坏，类似甲肝。

4. 临床各型肝炎的病理特点　各型病毒性肝炎的基本病理改变表现为弥漫性肝细胞变性、坏死，同时伴有不同程度的炎症细胞浸润、间质增生和肝细胞再生。

(1) 急性病毒性肝炎：肝细胞气球样变和嗜酸样变、有点灶状坏死汇管区，炎症细胞浸润，坏死区肝细胞增生，网状支架和胆小管结构正常。

(2) 慢性病毒性肝炎：按炎症活动度和纤维程度进行分级和分期，临床分为轻、中、重度。

(3) 重型肝炎

① 急性重型肝炎：肝细胞呈大块坏死、亚大块坏死或桥接坏死，坏死面积达 2/3，无肝细胞再生，无纤维组织增生，肝脏组织明显缩小。

② 亚急性重型肝炎：呈亚大块坏死，坏死面积小于 1/2，可见肝细胞再生，形成再生结节。

③ 慢性重型肝炎：在慢性肝炎和肝硬化的背景下，出现亚大块或大块坏死。

(4) 肝炎肝硬化

① 活动性肝硬化：肝硬化伴明显炎症。

② 静止性肝硬化：肝硬化结节内有炎症，假小叶界限清。

(5) 淤胆型肝炎：有轻度急性肝炎变化外，还有毛细胆管内胆栓形成，肝细胞内胆色素滞留。

(6) 慢性无症状携带者：肝组织正常者占 10%；轻度病变占 11.5%～48.2%，称为非特异性反应炎症。

5. 实验及器械检查

(1) 肝功能

① 谷丙转氨酶(ALT)、谷草转氨酶(AST)是反映肝细胞功能最常用的指标。急性肝炎时 ALT 明显升高。慢性肝炎和肝硬化时 ALT 轻度或中度升高；重型肝炎可出现 ALT 快速下降，胆红素不断升高的酶疸分离现象，提示肝细胞大量坏死。

② 血清蛋白：慢性肝炎、肝硬化、重型肝炎时出现白蛋白下降，球蛋白升高，白/球比例下降或倒置。

③ 胆红素：肝损伤程度与胆红素水平呈正相关。直接胆红素在总胆红素中的比例可反映淤胆的程度。

④ 凝血酶原活动度(PTA)：PTA 高低与肝损伤程度成反比。PTA≤40%是诊断重型肝炎的重要依据，也是判断重型肝炎预后的敏感指标。

⑤ 血氨：肝功能衰竭时清除氨的能力减退或丧失，导致血氨升高。常见重型肝炎、肝硬变伴肝性脑病患者。

⑥ 甲胎蛋白(AFP)：急性重型肝炎 AFP 升高时，提示有肝细

胞再生，为预后良好的标志。

⑦ 肝纤维化：对肝纤维化的诊断有一定参考价值，但缺乏特异性。

（2）病毒标记物检测：见病原学。

（3）超声检查：B 超观察肝、脾的大小、形态、包膜、实质回声结构、血管分布及走行，对诊断肝硬化有重要价值。

（4）肝活检可准确判断肝组织病变程度，判断预后。

6. 鉴别诊断

（1）黄疸的鉴别：与溶血性黄疸、阻塞性黄疸鉴别。

（2）其他原因引起的肝炎：其他病毒、感染、中毒、药物性、酒精性、自身免疫性、脂肪肝、妊娠急性脂肪肝、肝豆状核变性等。

7. 治疗原则　目前无特效治疗方法。以足够的休息、营养为主，辅以适当药物，避免饮酒、过劳和服用肝损药物。

（1）急性肝炎：急性肝炎一般为自限性，以一般治疗及对症、支持治疗为主。

（2）慢性肝炎：根据患者的具体情况采用综合性治疗方案，包括休息和营养，心理平衡，改善和恢复肝功能，调节机体免疫，抗病毒，抗纤维化治疗。

（3）重型肝炎：原则上以支持和对症治疗为基础的综合治疗，促进肝细胞再生，预防和治疗各种并发症，对于难以恢复的病例，有条件时可采用人工肝支持系统治疗，争取肝移植。

（4）淤胆型肝炎：早期治疗同急性肝炎，黄疸持续不退时，可试用激素，2 周后若黄疸显著下降，则逐步减量。

（5）肝炎肝硬化：可参照慢性肝炎和重型肝炎的治疗，有脾功能亢进或门脉高压时可选取手术或介入治疗。

（6）慢性乙型和丙型肝炎病毒携带者：可照常工作，但需定期检查，随访观察，并动员其做肝穿刺，以便进一步确诊和做相应治疗。

（杨毅军）

二、水痘和带状疱疹

水痘和带状疱疹是由同一种病毒(即水痘—带状疱疹病毒,VZV)所引起的两种不同表现的疾病。小儿初次感染后,以全身出现水疱疹为特征,即水痘。水痘痊愈后病毒仍可长期潜伏在感觉神经节内,经各种原因再激活后,在其神经支配范围内增殖而发生带状疱疹。

1. 病因、病理　水痘—带状疱疹病毒经上呼吸道、口咽、结膜及皮肤侵入易感者体内,首先在局部及附近淋巴结内增殖,尔后进入血流到达全身单核—巨噬细胞系统组织,进一步增殖后再次进入血流,随之侵入各脏器中。水痘的疱疹只限于表皮的棘状细胞层,有退行性病变和细胞内水肿,形成囊状细胞,由于细胞的裂解、液化和组织液的涌入,形成单房性水疱疹(天花则形成多房性疱疹),真皮层有毛细血管扩张和单核细胞浸润。黏膜疹病变与皮疹相似。原发性感染时感觉神经节细胞亦受病毒感染,病愈后病毒以静止状态存留于神经节细胞内。当机体免疫力低下,使潜伏在神经节细胞内的病毒被激活。病毒重新复制后沿感觉神经轴突到达该神经所支配的皮区,在皮肤细胞内增殖引起带状疱疹。

2. 诊断要点

(1) 流行病学资料:水痘全年均可发生,冬春季多见。水痘和带状疱疹急性期患者是唯一的传染源。

(2) 临床表现

① 水痘:潜伏期 10～24 天。婴幼儿常无前驱症状,年长儿及成人可有类似感冒的症状。发热 1～2 天内开始出疹。皮疹呈向心性分布,以头面及躯干较多,初为红色斑疹,数小时后变为丘疹,再数小时后形成疱疹,直径 3～5 mm。疱液先清亮、后混浊,周围绕有红晕,1～2 天后从中心开始干枯,1 周后结痂,一般不留瘢痕。皮疹常分批出现,同一部分可同时存在斑疹、丘疹、疱疹和结痂。妊娠早期患水痘可致胎儿畸形。免疫功能低下者可出现大疱型、

出血型和坏疽型水痘(病情严重)。原发性水痘肺炎多见于成年患者,继发细菌感染的肺炎多见于儿童。水痘脑炎发病率低于1‰,但病死率为5%～25%。而可出现水痘肝炎、间质性心肌炎、肾炎。

② 带状疱疹:发病初期常有沿感觉神经节段的局部疼痛、瘙痒等,1～4天后沿周围神经分布区出现成簇的皮疹,1～3天内发展成米粒或绿豆大小的疱疹,成簇排列成带状。皮疹一般5～10天后结痂,2～3周后脱痂。可以发生于任何感觉神经分布区,但以胸段肋间神经分布区多见。非典型带状疱疹可以表现为无疹性带状疱疹、播散性带状疱疹、带状疱疹性脑脊髓炎、带状疱疹性运动瘫痪和带状疱疹后神经痛。

(3) 实验室检查

① 疱疹刮片:从新鲜水痘底取材,刮片,瑞氏染色,可找到多核巨细胞与核内包涵体,可作为快速诊断方法之一。

② 病毒分离:水痘发病3天内,取水疱液接种人胎羊膜细胞组织培养,常可分离出病毒,咽分泌物及血液中也可分离出病毒,但阳性率较低。

③ 免疫学检测:血清补体结合试验,在恢复期抗体滴度增高4倍以上,有诊断意义。

④ 病毒DNA检测:用多聚酶链反应检测患者呼吸道上皮细胞和外周血白细胞中VZV病毒DNA,比病毒分离简便。

3. 治疗原则

(1) 抗病毒治疗:早期应用阿昔洛韦0.8～1.0 g/d[小儿10～20 mg/(kg·d)],分5次,每3小时一次,口服,病情较重者静脉滴注,疗程5～10天。

(2) 一般治疗:发热期应卧床休息,注意补充营养和水分,不可应用肾上腺皮质激素治疗,以免病毒播散。病情较重者,可予静注丙种球蛋白,0.2～0.4 g/(kg·d),应用1～2次。勤换衣服,保持皮肤清洁,修剪指甲,避免抓破疱疹继发感染。皮肤瘙痒者予炉甘石洗剂,口服抗组胺药物。

(3) 防治并发症。

4. 预防措施　隔离患儿至全部皮疹结痂为止，尽量避免易感儿接触水痘，可接种水痘减毒活疫苗，接触水痘后 3 天内接种仍然有效。免疫低下的易感者，可在接触后尽早肌注水痘—带状疱疹免疫球蛋白 2～5 ml，可降低发病率及减轻病情，正在使用激素者，应酌情减低用量或停药。

三、传染性单核细胞增多症

传染性单核细胞增多症是由 EB 病毒（EBV）所引起的一种急性网状内皮系统增生性传染病。主要临床特征为发热，咽痛，肝、脾、淋巴结肿大，外周血中淋巴细胞显著增多，并出现大量的异常淋巴细胞，嗜异性凝集试验阳性，血清中可检出抗 EB 病毒抗体。病程常具自限性，预后良好。

1. 病因、病理　病毒进入口腔后可能先在咽部淋巴组织内增殖，继而进入血循环中引起病毒血症，并进一步累及淋巴系统的各组织和脏器。因 B 细胞表面有 EBV 受体，故 EBV 主要感染 B 细胞，导致 B 细胞表面抗原性改变，继而引起 T 细胞防御反应，形成细胞毒性效应细胞，直接破坏感染 EBV 的 B 细胞。

该病多为自限过程，病理变化依少数尸体解剖所见，单核—巨噬细胞系统为主要病变所在，其特征为淋巴组织良性增生。

2. 诊断要点

(1) 流行病学资料：本病世界各地均有发生，通常是散发性，一年四季均可发病，亦可引起流行。传播途径主要经口密切接触而传播（口—口传播），飞沫传播虽有可能性但并不重要。偶可通过输血传播，是否能通过宫内传播尚有争议。

(2) 临床表现：潜伏期小儿为 4～15 天，青少年约 30 天。起病急缓不一。典型表现有：

① 发热：轻重不一，热型不定，多在 39℃左右，持续 1～3 周，逐渐下降。

② 淋巴结肿大：颈前、颈后淋巴结肿大，但不粘连、不化脓、压

痛不明显，消退甚慢，可达数周至数月之久。

③ 咽峡炎：扁桃体充血、肿大，部分患者扁桃体上有灰白色假膜。

④ 肝、脾肿大：多数为轻度肿大，少数患者可明显肿大，且有压痛。3/4 的患者伴肝功能损害。临床可出现类似其他病毒性肝炎的一切表现，但出现肝昏迷者极少。

⑤ 皮疹：10％～15％的患者在本病的 4～10 天可有皮疹，多呈斑丘疹，也有水疱样或荨麻疹样皮疹。

⑥ 其他系统症状：婴幼儿可发生支气管肺炎、心肌炎、心包炎、无菌性脑膜炎、多发性神经根炎，以及中枢神经与周围神经受损的表现。少数人发生血小板减少性紫癜、自身免疫性溶血性贫血以及肾脏受损。

(3) 实验室检查

① 血象：血象改变是本病的重要特征，病程 3 天以内白细胞正常或略低，中性粒细胞增加，病程 4～5 天，白细胞总数呈轻至中度增加，单核细胞及淋巴细胞逐渐增加，病程 7～10 天可达 70％～90％，出现特征性异常淋巴细胞。

② 血清嗜异凝集试验：患者血清中出现的 IgM 型嗜异性抗体，能凝集绵羊或马红细胞，阳性率达 80％～90％，效价高于 1∶40有诊断意义。

③ EBV 抗体检测：用免疫荧光法和 EIA 法检测 EBV 特异性抗体，有助于嗜异性抗体阴性 EBV 感染的诊断。

④ EBV－DNA 检测：聚合酶链反应可敏感、快速、特异地检出标本中的 EBV DNA。Southern 印迹法可确定口咽上皮细胞中 EBV 的存在。

3. 治疗原则　本病多具自限性，预后良好，一般不需特殊治疗，主要为对症治疗。急性期应卧床休息，有肝脏损伤时按病毒性肝炎对症治疗，可用青霉素 G 预防细菌感染，疗程 7～10 天。

咽喉肿痛严重，并发中枢神经系统损伤、血小板减少性紫癜、溶血性贫血、心包炎、心肌炎等，可酌用肾上腺皮质激素。

本病应用氨苄西林后往往有过敏反应，皮疹发生率可达 80% 左右，应避免使用。

4. 预防措施　急性期患者应呼吸道隔离，鼻咽分泌物应消毒处理。目前正在研制 EBV 疫苗。

四、风疹

风疹为风疹病毒感染引起的急性传染病，临床以发热、全身性皮疹、淋巴结肿大为特点。孕妇在妊娠早期感染风疹病毒，可引起胎儿受染，造成发育迟缓和胎儿畸形等严重后果。

1. 病因、病理　风疹病毒主要侵犯上呼吸道黏膜，引起上呼吸道炎症。继而侵入耳后、枕部、颈部等浅表淋巴结，并在繁殖后侵入血流导致病毒血症，引起全身浅淋巴结肿大及皮疹。除皮疹、呼吸道轻度炎症及淋巴结肿胀外，不见其他病理改变。孕妇在妊娠期感染风疹，胎儿可感染先天性风疹，并出现各种先天性畸形。

2. 诊断要点

(1) 流行病学资料：多感染幼龄儿童，但在学校、军营等易感人群较集中、环境拥挤的场所，可出现暴发流行。风疹曾在世界上引起多次大流行，自广泛使用风疹疫苗后，流行已很少见。但在未能应用风疹疫苗的多数发展中国家，风疹仍在广泛流行。

(2) 临床表现：潜伏期 12～19 天。常以低热、全身不适及皮疹起病。可伴有咽痛、轻咳和流涕，浅表淋巴结多有肿大伴轻度触痛。皮疹于发热后 1～2 天很快出现，为麻疹样斑丘疹，多见于面部及躯干部位。部分患儿背部可呈一片红色，有猩红热样皮疹。皮疹经 2～3 天消退，一般不遗留色素沉着。发疹期淋巴结肿大达高峰，可持续 3～4 周才消退。少数病例可出现肝、脾轻度肿大。风疹脑炎为极罕见的并发症，发生率仅约 1/5 000，但病死率可高达 20%。存活者多无智力障碍。

先天性风疹为胎儿经胎盘受染，发生在妊娠头 4 个月内；受染胎儿在宫内发育迟缓，严重可致流产、死胎；出生后 20%～80%的婴儿有先天性器官缺陷，包括眼白内障、视网膜病变、小头畸形、听力损害、心脏及大血管畸形；或于出生后表现为活动性肝炎、贫血、紫癜、脑膜炎及进展性脑炎等并发症。其长期影响还包括精神发育障碍、糖尿病等严重后果。

(3) 实验室检查

① 病毒分离：出疹前1～2天至出疹后2天，取咽部分泌物，能分离出病毒。

② 快速诊断：采用直接荧光试验法，在咽分泌物可查见风疹病毒抗原。

③ 血清学检查：风疹病毒中和抗体、补体结合抗体及血凝抑制抗体在出疹3天后均高，1个月达高峰。取急性期与恢复期双份血清，测定上述抗体，若恢复期增加4倍以上则可诊断。出生时抗风疹特异性抗体IgM增高，则可诊断为先天性风疹。

3. 治疗原则　目前尚无特效的抗风疹病毒药物。少数症状严重者可给予对症治疗。鉴于出生后感染的风疹症状均极轻微，仅罕见的严重并发症如脑膜脑炎可导致死亡；而先天性风疹虽对孕妇无太大影响，但可对胎儿造成严重损害，因而风疹的控制策略主要在预防。

4. 预防措施　最重要的是预防孕妇患风疹，以减少先天畸形的发生，妊娠4个月以内若患风疹，应终止妊娠。小儿尤其是女孩1岁以后及易感育龄妇女应接种风疹减毒活疫苗。

（赵　红）

五、流行性乙型脑炎

流行性乙型脑炎是由乙脑病毒引起的中枢神经系统传染病。传染源主要为猪，通过蚊虫叮咬传播，儿童患病较多，尤以10岁以下儿童多见，夏秋季流行。

1. 病因、病理　带毒蚊虫叮咬人体后，乙脑病毒进入人体，先在单核—巨噬细胞内繁殖，然后进入血流，引起病毒血症。此时，若机体免疫系统健全，则病毒被清除，仅造成隐性感染或为轻型病例；若机体免疫功能低下，病毒可通过血脑屏障，侵入中枢神经系统，引起脑炎。

2. 诊断要点

(1) 流行病学资料：明显的季节性（7、8、9 月高发），曾住疫区或到过疫区，有蚊叮咬史。

(2) 临床表现：急性起病，有高热（39～40℃）、头痛、恶心呕吐、嗜睡。在起病第 3～4 天进入极期，体温持续增高达 40℃以上，意识障碍加重，可由嗜睡、昏睡至昏迷，亦可有抽搐或惊厥，以及程度不等的脑水肿。严重者可有脑疝及呼吸衰竭，并可因此死亡。体检可见脑膜刺激征及病理反射。

(3) 实验室检查

① 血象：白细胞总数 $(10～20)\times10^{9}/L$，中性粒细胞在 80%以上。

② 脑脊液：压力增高，外观清，细胞数 $(50～500)\times10^{6}/L$，蛋白轻度增高，糖、氯化物正常。血清和脑脊液特异性 IgM 抗体阳性可确诊。

3. 治疗原则

(1) 抗病毒治疗：发病早期可试用 α-干扰素，或利巴韦林，连用 5～7 天。

(2) 一般治疗：注意水、电解质的平衡，补充热量，防治昏迷患者肺部感染等。

(3) 对症治疗

高热的处理：① 物理降温：高热时用温水或 30%乙醇擦浴，头部可用冰帽。② 药物降温：可用安乃近滴鼻或肌内注射，重者可加用地塞米松，每日 2～3 次。③ 亚冬眠疗法：持续高热反复抽搐时应用复方氯丙嗪，每 4～6 小时可重复应用，同时配合物理降温。

惊厥的处理：选用适当镇静解痉剂，如安定（地西泮），肌内注射或静脉注射；苯巴比妥钠，肌内注射；水合氯醛，鼻饲或保留灌肠。每次选用 1 种，可交替应用。

呼吸衰竭的处理：① 保持呼吸道通畅，可予翻身、拍背、吸痰、雾化吸入；② 吸氧，鼻导管、面罩给氧或高频喷射给氧；③ 应用呼吸中枢兴奋剂，如洛贝林、尼可刹米、东莨菪碱等；④ 必要时予气管插管、气管切开、机械呼吸。

(4) 其他：颅内高压时予甘露醇脱水，脑疝时剂量加大，每4～6小时1次，静脉注射。应用地塞米松可维持脱水疗效。应用纳络酮可减少脑啡肽类物质对机体的不利影响，减轻症状，缩短病程。

(5) 恢复期及后遗症处理：加强支持治疗，加强功能训练（包括吞咽、语言和肢体功能锻炼），采用理疗、针灸、按摩、体疗、高压氧治疗等，对智力、语言和运动功能的恢复有较好疗效。

4. 预防措施　10岁以下儿童、由非疫区进入疫区人员应注射乙脑灭活疫苗或减毒活疫苗。

六、狂犬病

狂犬病是由狂犬病毒引发的急性、进行性脑脊髓炎，为人畜共患自然疫源性疾病，病死率几乎为100%。传染源主要是狂犬、病猫等动物，人通过被感染狂犬病毒的动物咬伤后感染发病。

1. 病因、病理　狂犬病毒自皮肤或黏膜破损处侵入人体后，先在伤口附近肌细胞内小量增殖，然后侵入附近的末梢神经。病毒再沿神经的轴索浆向中枢神经做向心性扩散，然后入侵脊髓并很快到达脑部，波及整个中枢神经系统。主要侵犯脑干和小脑等处的神经细胞，随后病毒从中枢神经向周围神经离心性扩散，侵入各器官组织。病变造成恐水、吞咽和呼吸困难等症状，并可引起患者心血管功能紊乱，甚至突然死亡。

2. 诊断要点

(1) 流行病学资料：有被狂犬或其他动物咬伤、抓伤史。

(2) 临床表现：发病初期，常有低热、倦怠、头痛、恶心、全身不适，类似感冒，继而出现恐惧不安，烦躁失眠，对声、光、风等刺激敏感。在愈合的伤口及其神经支配区有痒、痛、麻及蚁行等异样感觉。随后进入兴奋期，出现高度兴奋、狂躁、恐水、怕风、咽喉痉挛，或怕光、怕声、多汗、流涎等，体温常升高(38～40℃)。给患者做扇风、饮水试验，可诱发咽喉痉挛。

(3) 实验室检查

① 周围血象及脑脊液：白细胞总数轻至中度增多，中性粒细胞占80%以上。脑脊液细胞数可稍增多，蛋白质可轻度增高，糖及氯化物正常。

② 病原学检查：应用荧光抗体法在脑组织涂片、角膜印片、冷冻皮肤切片等查病毒抗原；或取患者的唾液、脑脊液、泪液接种鼠脑分离病毒；或取动物、死者的脑组织做切片染色，镜检在神经细胞浆内找内基小体。任一结果阳性可确诊。

③ 抗体检测：测定血清中和抗体对未接种疫苗者有诊断价值。但由于病程第8天前不易测出，而患者发病后很快死亡，故其意义不大。若血清中和抗体阳性而不足以做出诊断时，可测脑脊液中和抗体来确诊。

3. 治疗原则　无有效治疗方法，以对症综合治疗为主。

严密隔离病人，防止唾液污染，尽量保持病人安静，减少光、风、声等刺激，狂躁时用镇静剂。加强监护、给氧，必要时气管切开，纠正酸中毒，维持水、电解质平衡。有心动过速、心律失常、高血压等可用β-受体阻滞剂或强心剂。有脑水肿时给予脱水剂。

4. 预防措施

(1) 禁止或控制养犬：养犬应做好预防接种，发现野犬应消灭，病死动物应予焚毁或深埋处理，切勿剥皮，对进口动物检疫。

(2) 伤口处理：咬伤后及时(2小时内)严格处理伤口，对降低发病率有重要意义。

① 挤压伤口：尽力挤压出血或用火罐拔毒，忌用嘴吮吸伤口以防口腔黏膜感染。

② 冲洗伤口：用20%肥皂水或0.1%新洁尔灭反复冲洗至少半小时，季胺类药物与肥皂水不可合用。

③ 消毒伤口：用70%乙醇擦洗及浓碘酒反复涂拭。

④ 不需缝合：伤口一般不予缝合或包扎以便排血引流，防止病毒传入神经纤维。

⑤ 严重咬伤：若头颈部、手指或严重咬伤时，除用疫苗外，还

需用抗狂犬病免疫血清在伤口及周围行局部浸润注射。

⑥ 尚需注意预防破伤风及细菌感染。

(3) 预防接种

① 疫苗接种:暴露前预防,对高危人群如暴露于狂犬病的工作人员,要预先疫苗注射。全程 3 针,在第 0、7、21 日各肌内注射 1 针。暴露后预防,全程 5 针,在第 0、3、7、14、30 日各肌内注射 1 针。如严重咬伤可全程 10 针,在当日至第 6 日,以及第 10、14、30、90 日各肌内注射 1 针。肌内注射,成人必须在上臂三角肌内,儿童注射于大腿肌内前外侧区,不要在臀部注射。

② 被动免疫:如咬伤严重或咬伤部位在头、面、颈、手部,或确系狂犬咬伤,应尽快使用抗狂犬免疫血清或人抗狂犬免疫球蛋白,免疫血清需做皮肤过敏试验,阳性者要进行脱敏注射。

(姚文虎)

七、流行性感冒

流行性感冒简称流感,是由流行性感冒病毒引起的急性呼吸道传染病。流感病毒传染性强,特别是甲型流感病毒易容易发生变异,已多次引发世界范围的大流行。临床表现以上呼吸道症状较轻、而发热及全身中毒症状较重为特点。

1. 病因、病理　流感病毒经呼吸道吸入后,侵犯纤毛柱状上皮细胞,并在此复制繁殖,引起上呼吸道症状,并在上皮细胞变性坏死后排出较多量的病毒,随呼吸道分泌物排出引起流行。同时亦可向下侵犯气管、支气管,直至肺泡,除上皮细胞坏死脱落外,黏膜下层有出血、水肿,镜下见白细胞浸润。肺泡有纤维蛋白渗出物,常有出血,可见中性粒细胞及单核细胞,肺组织中易分离出流感病毒,为流感病毒性肺炎的病理特点。患者在此基础上极易继发细菌性肺炎,可同时查出大量脓细胞及病原菌。

2. 诊断要点

(1) 流行病学资料:冬季短时间出现较多数量的相似患者,呼吸道症状轻微而全身中毒症状较重,可诊断为流感。

（2）临床表现：潜伏期为1～3天。流感症状通常较普通感冒重，主要为突然起病的高热、寒战、头痛、肌肉疼痛、全身不适。上呼吸道卡他症状相对较轻或不明显，少数病例可有腹泻、水样便。发热3～5天后消退，但患者仍感明显乏力。年幼及老年流感患者，原有基础疾病或免疫抑制的患者感染流感，病情可持续发展，出现高热不退、全身衰竭、剧烈咳嗽、血性痰、呼吸急促、发绀。双肺有干啰音，X线检查可发现多种肺部阴影等一系列肺炎表现。病因有原发性流感病毒性肺炎、继发细菌性肺炎，以及混合性肺炎。

（3）实验室检查：确定诊断流感主要靠病毒分离。在疾病的第2～3天，可从鼻咽部、气管分泌物中直接分离流感病毒，标本直接接种于鸡胚或其他组织培养，均易分离流感病毒。临床亦可在流行时采集双份血清，应用血凝抑制试验、补体结合试验，以及酶联免疫吸附试验检测相应抗体，做出回顾性诊断。鉴于上述实验室检查均需要相当时间，对临床诊治帮助不大，仅具流行病学调查的价值。采用鼻甲黏膜印片或荧光抗体技术可快速诊断，但其敏感性及特异性均尚不理想。

3. 治疗原则

（1）对症治疗：包括解热镇痛类药物和支持治疗。但儿童患者应避免应用阿司匹林，以免诱发致命的Reye综合征。对继发细菌性肺炎的有效控制亦十分重要，老年患者病死率尤其高，应积极、恰当的治疗。

（2）抗病毒治疗：虽然尚无特效的抗流感病毒药物，初步临床应用金刚烷胺（amantadine）和甲基金刚烷胺（rimantadine）显示有抑制甲型流感病毒的作用，能缩短临床发热时间，减轻症状，加速疾病的恢复。上述药物对乙型流感病毒无作用，一般用量为200 mg/d，疗程5天。药物有一定的中枢神经系统副作用，如眩晕、共济失调，老年患者剂量应减半。甲基金刚烷胺的副作用较轻，更适合临床应用。

4. 预防措施　在流感流行时，应尽可能隔离患者，加强环境消毒，减少公众集会及集体娱乐活动，防止疫情的进一步扩散。

预防流感的基本措施是接种疫苗。应用与现行流行株一致的灭活流感疫苗接种，可获得60%～90%的保护效果。

（赵　红）

八、传染性非典型肺炎

传染性非典型肺炎又称为严重急性呼吸综合征（SARS），是由一种新的冠状病毒（SARS病毒）引起的传染性很强的急性呼吸系统传染病。病人是主要传染源，通过近距离的飞沫传播，或密切接触传播，人群普遍易感。

1. 病因、病理　发病机制尚不明了。一般认为，病毒由呼吸道进入人体，在呼吸道黏膜上皮内复制，进一步引起病毒血症。被病毒侵染的肺组织细胞受累，可引起肺损伤。同时，病毒造成免疫损伤，尤其是细胞免疫损伤，使CD_4、CD_8 T淋巴细胞均下降。因此，病毒感染以及病毒感染诱导的免疫损伤是发病的主要原因。

肺部的病理改变主要有肺水肿和透明膜形成，后期可见肺间质纤维化。

2. 诊断要点

（1）流行病学资料：① 与发病者有密切接触史，或属受传染的群体发病者之一，或有明确传染他人的证据；② 发病前2周内曾到过或居住于报告有传染性非典型肺炎病人，并出现继发感染疫情的区域，或发病前2周内处理或接触过SARS患者标本或病毒毒株。

（2）临床表现：起病急，以发热为首发症状，体温一般＞38℃，偶有畏寒；可伴有头痛、关节酸痛、肌肉酸痛、乏力、腹泻；常无上呼吸道卡他症状；可有咳嗽，多为干咳、少痰，偶有痰中带血丝；可有胸闷；严重者出现呼吸加速、气促，或明显呼吸窘迫。肺部体征不明显，部分患者可闻少许湿啰音，或有肺实变体征。

（3）抗菌药物治疗无明显效果。

（4）胸部X线检查：肺部有不同程度的片状、斑片状浸润性阴影或呈网状改变，部分患者进展迅速，呈大片状阴影；常为多叶或双侧改变，阴影吸收消散较慢；肺部阴影与症状、体征可不一致。若检查结果阴性，1～2 天后复查。

（5）实验室检查

① 外周血象：白细胞数量一般不升高，或降低；常有淋巴细胞数量减少。

② 病原体检查：急性期取血、痰、咽拭子做分离，可培养出 SARS 病毒。

③ 血清学检查：应用酶联免疫吸附试验（ELISA）检测 SARS－CoV 抗体（IgM、IgG 抗体），符合以下两者之一即可判断为 SARS：a. 检测进展期血清抗体和恢复期血清抗体发现抗体阳转；b. 检测进展期血清抗体和恢复期血清抗体发现抗体滴度 4 倍及以上升高。阳性可以诊断，阴性不能排除诊断。

④ 核酸检测：应用逆转录套式聚合酶链反应（RT－nPCR）、荧光定量聚合酶链反应（FQ－PCR）检测 SARS－CoV RNA，特异性强，但敏感性差，要多部位、多次送验。

3. 治疗原则

（1）监测病情变化：多数患者在发病后 14 天内都可能属于进展期，必须密切观察病情变化，监测症状、体温、呼吸频率、SpO_2 或动脉血气分析，血象、胸片（早期复查间隔时间不超过 2～3 天），心、肝、肾功能等。

（2）一般性和对症治疗：① 卧床休息，避免劳累、用力。② 避免剧烈咳嗽，咳嗽剧烈者应镇咳；咳痰者给予祛痰药。③ 发热超过 38.5℃者，可使用解热镇痛药。高热者给予物理降温。④ 有心、肝、肾等器官功能损害，应该作相应的处理。⑤ 加强营养支持。注意维持水、电解质平衡。

（3）吸氧：出现气促或 PaO_2＜70 mmHg（9.3kPa）或 SpO_2＜93％给予持续鼻导管或面罩吸氧。

（4）有以下指征时可应用肾上腺皮质激素：① 有严重中毒症状，高热 3 日不退；② 48 小时内肺部阴影进展超过 50％；③ 有急性肺损伤或出现 ARDS。

(5) 预防和治疗继发细菌感染：根据临床情况，可选用喹诺酮类、大环内酯类等抗菌药物。

(6) 早期可试用抗病毒药物，如蛋白酶抑制剂类药物 Kaletra、利巴韦林、复方甘草酸苷等。

(7) 重症可试用增强免疫功能的药物，如 α-干扰素、胸腺素等。

(8) 重症病例需要时可使用无创正压机械通气(NPPV)，模式通常使用持续气道正压通气(CPAP)，压力水平一般为 4～10 cmH_2O(0.39～0.98 kPa)；吸入氧流量一般为 5～8 L/min，维持血氧饱和度>93%。

(9) 若患者不耐受 NPPV 或氧饱和度改善不满意，应及时进行有创正压机械通气治疗。

(10) 出现休克或 MODS，予相应支持治疗。

4. 预防措施　对患者应早发现、早报告、早隔离、早治疗。对密切接触者进行隔离观察。注意保持个人卫生和公共卫生，必要时应戴口罩。医务人员接触患者应加强消毒隔离措施。SARS 疫苗在研制试验中。

(姚文虎)

九、流行性腮腺炎

流行性腮腺炎是由腮腺炎病毒所引起的急性呼吸道传染病。主要发生在儿童和青少年。临床以发热、耳下疼痛为特征。腮腺炎病毒除侵犯腮腺外，尚能引起脑膜炎、脑膜脑炎、睾丸炎、卵巢炎和胰腺炎等。

1. 病因、病理　腮腺炎病毒从呼吸道侵入人体后，在局部黏膜上皮细胞和淋巴结中复制，然后进入血流，播散至腮腺和中枢神经系统，引起腮腺炎和脑膜炎。病毒在此进一步繁殖复制后，再次侵入血流，形成第二次病毒血症，并侵犯第一次病毒血症未受累的器官，因此临床上不同器官相继发生病变。受累组织有非化脓性炎症症状为本病的病理特征，表现为腺体及周围组织充血、肿胀及水肿或有出血点等。

2. 诊断要点

(1) 流行病学资料：当地有流行，并有与患者接触史，以冬春季为多见。

(2) 临床表现：潜伏期为14～25天。部分病例有发热、头痛、无力、肌肉酸痛、食欲不振等前驱症状。发病1～2天后出现颧骨弓或耳部疼痛，然后出现唾液腺肿大，体温上升可达40℃。腮腺最常受累，腮肿一般多为两侧性，可先见于一侧，1～2天后另一侧亦肿大。肿胀的腮腺以耳垂为中心，向周围蔓延，2～3天达高峰。局部疼痛，张口或咀嚼时更明显，表面灼热，颊内腮腺管口可见红肿，颌下腺及舌下腺亦先后受累。腮腺肿胀4～5天后减退，病程1～2周。并发症有脑膜脑炎、睾丸炎、卵巢炎和胰腺炎。

(3) 实验室检查：白细胞总数大多正常或稍减少，淋巴相对增加，并发睾丸炎、胰腺炎或脑膜脑炎，中性粒细胞比例增高。血、尿淀粉酶活力增高，50%以上有脑脊液细胞轻度增高。如有必要可进行抗体检查、抗原检查以及病毒分离以确定诊断。

3. 治疗措施

(1) 一般治疗：卧床休息，给予流质饮食，避免进食酸性饮料。注意口腔卫生，餐后用生理盐水漱口。

(2) 抗病毒治疗：发病早期可试用利巴韦林每日1 g，儿童15 mg/kg静脉滴注。疗程5～7天。亦有报告应用干扰素治疗成人腮腺炎合并睾丸炎患者，能使腮腺炎和睾丸炎症状较快消失。

(3) 对症治疗：头痛和腮腺胀痛可应用镇痛药。睾丸胀痛可用棉花垫和丁字带托起。

(4) 肾上腺皮质激素的应用：对重症或并发脑膜脑炎、睾丸炎、心肌炎患者，可应用地塞米松每日5～10 mg或氢化可的松每日150～250 mg，静脉滴注，5～7天。

4. 预防措施　按呼吸道传染病隔离患者至肿胀完全消失，保护易感人群，尽可能避免同腮腺炎患者的接触。预防的重点是应用疫苗对易感者进行主动免疫。

十、麻疹

麻疹是由麻疹病毒引起的急性发疹性呼吸道传染病。临床症状有发热、咳嗽、流涕、眼结膜充血、口腔黏膜有科普利克斑(Koplik's spots)及皮肤出现斑丘疹为其特征。传染源是病人,通过飞沫直接传播。儿童易发,冬春季多见,病后免疫持久。20 世纪 60 年代以来,通过计划免疫麻疹疫苗,儿童受到保护,我国已控制该病的大流行,但目前成人、6 个月以下婴儿和不典型病人增多。

1. 病因、病理　麻疹病毒侵入上呼吸道和眼结膜上皮细胞内复制繁殖,通过局部淋巴组织进入血流(初次病毒血症),病毒被单核-巨噬细胞系统吞噬,在该处广泛繁殖,大量病毒再侵入血流,造成第 2 次病毒血症,出现高热和出疹。目前认为麻疹发病机制:一方面由于麻疹病毒侵入细胞,直接引起细胞病变;另一方面全身性迟发型超敏性细胞,免疫反应在麻疹的发病机制中起了非常重要的作用。

麻疹的病理变化特征是当病毒侵袭任何组织时均出现单核细胞浸润及形成多核巨细胞。病变广泛地损害呼吸道、肠道上皮细胞引起呼吸及消化道症状,并波及到全身。

2. 诊断要点

(1) 流行病学资料:在麻疹流行季节,与麻疹患者有密切接触史。未患过麻疹,未接种过麻疹疫苗。

(2) 临床表现:潜伏期 6～18 天,曾接受被动或主动免疫者可延至 3～4 周。

① 典型麻疹:首先出现发热及上呼吸道炎症症状。常高热,甚至超高热,伴咳嗽、流涕、打喷嚏、畏光、眼结膜充血、咽部充血等。病后第 2～3 天 90%以上的患者可于双侧近第一臼齿对应的颊黏膜上检出麻疹黏膜斑;3～5 天出现斑丘疹,自耳后向颈及全身发展,手、足、心均可见皮疹,初为淡红色,稀疏,疹间皮肤正常,逐渐增多,部分融合成暗红色,全身症状加重。出疹 3～5 日后,全身情况迅速改善,皮疹按出疹的先后顺序逐渐消退,并留有色素沉

着及脱屑。常见并发症有肺炎、心肌炎、喉炎、脑炎及亚急性硬化性全脑炎、肝损害等。

② 非典型麻疹：包括轻型麻疹、重型麻疹、出血性麻疹、异型麻疹。

(3) 实验室检查

① 周围血象：白细胞总数减少，淋巴细胞相对增多。

② 血清抗体测定：采用 ELISA 法测患者血清中特异性 IgM 抗体，可作为早期特异性诊断方法。疹后 3 天多呈阳性，2 周时达高峰；但成人麻疹约 7.9% IgM 抗体始终阴性。

3. 治疗原则

(1) 一般治疗：保持室内通风、安静、适宜的温度和湿度，患者应卧床休息，多饮水，摄入易消化食物，清洁眼、鼻、口腔，密切观察病情，防止并发症的发生。

(2) 对症治疗：体温过高时，宜用物理降温，忌用大剂量退热药，以免引起虚脱。咳嗽用祛痰止咳药。体弱病重患儿可早期应用丙种球蛋白。有并发症发生时必须送至有隔离条件的专科医院进行治疗。早期可试用病毒唑(三氮唑核苷)或干扰素。

(3) 并发症治疗

① 支气管肺炎：主要为抗菌治疗。

② 心肌炎：有心衰者宜及早静注西地兰(毛花苷丙)或毒毛花苷 K。

③ 急性喉炎：应及时处理。出现喉梗阻者应及早行气管插管或气管切开术。

④ 脑炎：参照流行性乙型脑炎治疗。

4. 预防措施　早发现、早隔离、早治疗，做好疫情报告。患者应隔离至出疹后 5 天，有并发症者延长至 10 天。

流行期间避免易感者到公共场所或探亲访友。

凡未患过麻疹、未接种过麻疹疫苗者接种麻疹减毒活疫苗是预防的主要措施。

（赵　红）

十一、流行性出血热

流行性出血热又称肾综合征出血热，为汉坦病毒感染引起的自然疫源性疾病。鼠为主要传染源。可通过呼吸道、消化道、直接接触等途径传播。

1. 病因、病理　病毒侵入人体后，进入细胞内、骨髓、肝、脾、肾、淋巴结等组织，并进一步增殖后释放入血，引起病毒血症，临床上有发热、中毒症状。随着病毒感染和感染后引起的免疫反应，造成细胞变性、坏死，血管损伤以及脏器功能损害。

2. 诊断要点

(1) 流行病学资料：全年可发病，但有季节高峰，野鼠型 11 月至次年 1 月为高峰，5 月至 7 月为小高峰，家鼠型 3 月至 5 月为高峰。男性青壮年农民和工人发病较多，居住地常有鼠类活动。

(2) 临床表现

① 症状：发热、“三痛”(头痛、腰痛、眼眶痛)和胃肠道症状，常依次出现低血压、少尿及多尿现象。热退反而病情加重是本病特点。

② 体征：“三红”(颜面、颈、上胸部潮红)呈酒醉貌，眼结膜、软腭出血，腋下抓痕样出血点，重者可见大片淤斑或腔道出血，以及球结膜水肿，肾区可有叩痛。

(3) 实验室检查

① 血常规检查：白细胞计数升高，中性粒细胞增多，可出现异型淋巴细胞。血红蛋白和红细胞明显升高，血小板减少。

② 尿常规检查：有蛋白尿，管型和红细胞，尿中可出现膜状物。

③ 血清学检查：血清中检出特异性 IgM 抗体。

④ 尿沉渣细胞：可检出 EHF 病毒抗原。

4. 治疗原则

(1) 发热期治疗：① 控制感染，早期应用利巴韦林；② 减轻外渗，输注平衡盐液，应用甘露醇等；③ 改善中毒症状，物理降温，可应用肾上腺皮质激素；④ 预防 DIC，予低分子右旋糖酐或丹参治疗；⑤ 亦可使用免疫调节剂，如特异性免疫核糖核酸、胸腺肽等。

（2）低血压休克期治疗：① 扩充血容量，应早期、快速，适量补充平衡盐液及胶体液；② 纠正酸中毒；③ 必要时予血管活性药；④ 需要时予强心剂；⑤ 可应用肾上腺皮质激素；⑥ 如伴有 DIC 或继发纤溶，应结合实验室检查给以肝素或抗纤溶药物治疗。

（3）少尿期治疗

① 稳定内环境：包括严格控制输入量，供给充分热量，有酸中毒时纠酸。

② 促进利尿：可应用高效利尿剂，如速尿（呋塞米）等，或酚妥拉明、山莨菪碱、多巴胺等血管扩张剂。

③ 导泻：常用甘露醇、硫酸镁或中药大黄口服。

④ 透析疗法：有明显氮质血症，高血钾或高血容量综合征患者，可应用血液透析或腹膜透析。

（4）多尿期治疗：维持水、电解质平衡，防治继发感染。

（5）恢复期治疗：补充营养，逐步恢复工作。

4. 预防措施　流行地区或高危人群可进行疫苗注射，应用肾综合征出血热双价灭活疫苗，基础免疫 2 针，间隔 14 天，每次 1.0 ml，6 个月后加强 1 针。适用于疫区 16～60 岁高危人群。

十二、艾滋病

艾滋病（AIDS）是由人类免疫缺陷病毒（HIV）引起的获得性免疫缺陷综合征的简称。人是 HIV 的唯一传染源。HIV 存在于感染者的血液、精液和被感染的细胞中，经性交、血液污染和母婴传播等途径而感染。

1. 病因、病理　艾滋病的发病机制主要是 CD_4^+ T 淋巴细胞在 HIV 直接和间接作用下，细胞功能受损和大量破坏，导致细胞免疫缺陷。由于其他免疫细胞均不同程度受损，因而促使各种严重机会性感染和肿瘤的发生。

2. 诊断要点

（1）流行病学资料：多性伴、静脉吸毒、卖淫嫖娼、与 HIV 感染者密切接触、使用过进口血制品、血友病患者以及 1995 年前后非义务献血者等系高危人群。发病年龄主要为 50 岁以下的青壮年。

（2）临床表现：高危人群或其他人群出现以下情况时，要考虑有感染可能。

① 原因不明的免疫功能低下。

② 持续不规则发热 1 个月以上。

③ 持续原因不明的全身淋巴结肿大（淋巴结直径＞1 cm）。

④ 慢性腹泻多于 4～5 次/天，持续 1 个月以上。

⑤ 3 个月内体重下降＞10％。

⑥ 合并有口腔念珠菌感染，反复出现带状疱疹或慢性播散性单纯疱疹感染、卡氏肺孢子虫肺炎、巨细胞病毒（CMV）感染、弓形虫病、隐球菌脑膜炎、进展迅速的活动性肺结核或肺外结核、皮肤黏膜的卡波氏肉瘤（KS）、淋巴瘤等（其中任何一种）。

⑦ 中青年患者出现痴呆症。

（3）实验室检查

① 抗 HIV 阳性并经确证试验证实。

② P24 抗原阳性（有条件单位可查）。

③ CD_4 T 淋巴细胞总数＜0.2×10^9/L 或（0.2～0.5）$\times10^9$/L。

④ CD_4/CD_8 T 细胞比值＜1。

⑤ HIVRNA 病毒载量阳性（有条件时可查）。

⑥ 可找到上述各种合并感染的病原学依据或肿瘤的病理依据。

3．治疗原则　高效的抗逆转录病毒治疗（HAART）。

（1）常用药物

① 核苷类逆转录酶抑制剂：如齐多呋啶（AZT、ZDV），去羟肌苷（ddI），司他夫定（d4T），拉米夫定（3TC），双汰芝（AZT＋3TC）等。

② 非核苷类逆转录酶抑制剂：如奈韦拉平(NVP)，依非韦伦(EFV)等。

③ 蛋白酶抑制剂：如印地那韦(IDV、佳息患)，洛匹那韦/利托那伟(克力芝)等。

(2) 用药方案：常用三联或四联药物，即2种核苷类逆转录酶抑制剂和1种蛋白酶抑制剂的联合，以及其他联合。

(3) 用药时机：对于急性感染期患者，HIV血清阳转在6个月之内的人，所有出现艾滋病临床症状的患者应给予抗逆转录病毒治疗。对无症状期患者推荐方案是：CD_4^+ T细胞<350/mm^3或病毒载量HIVRNA>30 000copies/ml(bDNA法)。

(2) 免疫疗法：选择应用干扰素、IL-2、香菇多糖或胸腺素等，持续6～12个月。

(3) 并发症治疗：及时治疗卡氏肺孢子虫肺炎(应用复方新诺明或戊烷脒)，结核杆菌感染(选用异烟肼、链霉素、利福平、吡嗪酰胺、乙胺丁醇，3～4种联合治疗)，隐孢子虫感染(用螺旋霉素)，弓形虫病(螺旋霉素或克林霉素，与乙胺嘧啶联合交替使用)，巨细胞病毒感染(应用更昔洛韦治疗)，隐球菌脑膜炎(两性霉素B加氟胞嘧啶，或应用氟康唑)，卡波氏肉瘤(α-干扰素联合博来霉素或长春新碱、阿霉素联合化疗)。

(4) 对症处理：卧床休息，支持治疗，高热量高维生素饮食，成分输血，吸氧，补液，纠正酸碱、水、电解质失衡等。

4. 预防措施　反对性乱活动，广泛推广使用安全套。严格禁毒，尤其是共享注射器的静脉吸毒。对献血员进行HIV筛选；慎用血液制品；严格消毒医疗器具，推广一次性注射器；严防皮肤黏膜破损，炎症部位接触HIV患者血液、体液或被污染的器具。医务人员被污染针头刺伤或实验室意外，在2小时内服AZT，疗程4～6周。若时间较长，则应使用HAART，疗程4周。

十三、脊髓灰质炎

脊髓灰质炎是由脊髓灰质炎病毒引起的急性消化道传染病。

传染源为病人及无症状带毒者，主要通过粪—口途径传播，但在发病一周内可通过飞沫传播。小儿多见，尤以6个月～5岁为著，夏秋季发病多。

1. 病因、病理　病毒侵入人体后，形成病毒血症，并能沿周围神经的轴突播散到中枢神经系统，进一步扩展到脊髓或大脑。主要累及中枢神经系统的运动神经细胞，以脊髓受累最常见，故以肢体瘫痪多见。

2. 诊断要点

(1) 流行病学资料：流行地区，与脊髓灰质炎患者或带毒者有密切接触史，未服用脊髓灰质炎减毒活疫苗的低龄儿童发病率高。

(2) 临床表现：起病缓急不一，多有发热、伴咽痛、咳嗽或食欲下降、恶心、呕吐等症状，可出现头痛、颈背、四肢肌痛、感觉过敏，患儿拒抱、哭闹、面颊潮红、多汗。部分患儿起病3～4天后出现肢体瘫痪，可累及任何肌肉，但常见四肢，尤其下肢多见。其特点为不对称性迟缓性瘫痪，肌张力低下，腱反射消失，多不伴有感觉障碍，呼吸肌瘫痪时可影响呼吸运动。脑干受累时可引起球麻痹、中枢性呼吸衰竭。1～2周后瘫痪肢体逐渐恢复，3～6个月后恢复速度减慢，1～2年仍不恢复则成为后遗症。

(3) 实验室检查

① 血象：白细胞计数大多正常。

② 脑脊液：压力稍增，外观清或微混，细胞数$(50\sim500)\times 10^6/L$，蛋白稍增高，糖、氯化物大多正常。

③ 血清学检查：双份血清抗体效价4倍或4倍以上增长有确诊意义。

④ 病毒分离：粪便或起病1周内鼻咽拭子可分离出病毒。

3. 治疗原则　无特效药物，以对症处理和支持治疗为主。

注意营养和体液平衡，补充大剂量维生素C及B族维生素，体温高者可予氢化可的松静滴。瘫痪停止进展后，可应用加兰他敏及地巴唑，以促进神经肌肉传导。吞咽困难者应予鼻饲，有呼吸肌麻痹时应及早气管切开、人工呼吸。呼吸衰竭时的治疗按乙型脑炎处理方法。

恢复期可加强主动性功能锻炼、按摩、针刺及其他物理疗法。

4. 预防措施　隔离病人40天。

2个月以上婴儿应按计划免疫规定服用减毒活疫苗。2～4月婴儿，每月口服1剂，共服3剂，4岁时加强口服1剂。

密切接触者可肌注丙种球蛋白，一月一次，连用2个月。

（姚文虎）

第二节　细菌感染

一、猩红热

猩红热是由A组β型溶血性链球菌引起的急性呼吸道传染病。其临床特征为发热、咽峡炎、全身弥漫性鲜红色皮疹和疹后脱屑。少数患者病后可出现变态反应性心、肾、关节并发症。

1. 病因、病理

(1) 病原学：A组β型溶血性链球菌革兰染色阳性。在含血的培养基上易生长。链球菌还产生红疹毒素和一些酶：红疹毒素能致发热和猩红热皮疹，还可抑制吞噬系统功能，影响T细胞功能及触发Schwartzman(内毒素出血性坏死)反应；链激酶(溶纤维蛋白酶)，扩散因子，透明质酸酶能溶解组织间的透明质酸，利于细菌在组织内的扩散；O及S两种溶血素对白细胞和血小板都有毒性。

(2) 流行病学

① 传染源：主要是病人和带菌者。

② 传播途径：主要经空气飞沫传播，亦可经皮肤伤口或产道等处感染，后者称为“外科型猩红热”或“产科型猩红热”。

③ 人群易感性：普遍易感。

④ 流行特点：全年均可发病，以冬春季节发病较多。5～15岁为好发年龄。

（3）发病机理与病理解剖：病原体侵入人体后，主要产生3种病变：化脓性病变、中毒性病变、变态反应性病变。

（4）临床表现：潜伏期通常为2～3天。猩红热三大特征性表现：发热、咽峡炎、发热后第2日开始发疹，始于耳后、颈及上胸部，24小时内迅速蔓及全身。典型皮疹是在弥漫性充血的皮肤上出现分布均匀的针尖大小的丘疹，压之褪色，伴有痒感。在皮肤皱褶处，皮疹密集或因摩擦出血而呈紫色线状，称为"线状疹"（亦称Pastia线）。在颜面部位仅有充血而无皮疹。口鼻周围充血不明显，与面部充血相比之下显得发白，称为"口周苍白圈"。皮疹多于48小时达高峰，继之依出疹顺序开始消退。2～3天内退尽，重者可持续1周。疹退后开始皮肤脱屑，皮疹越多越密，脱屑越明显。以粟粒疹为重，多呈片状脱皮，面部及躯干常为糠屑状，手、足掌、指（趾）处由于角化层较厚，片状脱皮常完整，呈手、足指或趾套状。

与发疹同时出现舌乳头肿胀，初期舌被白苔，肿胀的舌乳头凸出覆以白苔的舌面，称为"草莓舌"。2～3天后舌苔脱落，舌面光滑呈绛红色，舌乳头凸起，称为"杨梅舌"。可作为猩红热的辅助诊断条件。

临床分为轻型、普通型、中毒型、脓毒型、外科型或产科型。

2. 诊断要点

（1）流行病学资料：当地是否有本病流行，有无接触史。

（2）临床表现：骤起发热，咽峡炎，病后2日内出疹，为在充血的皮肤上有猩红色皮疹者。若疹退后皮肤有脱屑，则临床诊断可能性更大。

（3）实验检查：血常规检查示白细胞总数增高，多在（10～20）$\times 10^9$/L，中性粒细胞常在80%以上，严重患者可出现中毒颗粒。咽拭子或脓液培养分离出A组溶血性链球菌，或标本涂片用免疫荧光法有A组溶血性链球菌则可证实诊断。多价红疹毒素试验在发病早期呈阳性，而恢复期转为阴性者。红疹毒素又称狄克（Dick）毒素，以其0.1 ml作皮内注射。24小时后局部红肿直径逾1 cm者为阳性，提示无抗毒免疫力，对猩红热易感；如为阴性，则表示有抗毒免疫力，此称为狄克试验(Dick test)。

3. 治疗原则

(1) 病原治疗：青霉素为首选，疗程5～7天。中毒型或脓毒型者可加大用药剂量。对青霉素过敏者可选用红霉素或第一代头孢菌素等。

(2) 并发症治疗：除针对风湿病、肾小球肾炎和关节炎的相应治疗外，尚应给予抗生素进行病原治疗。

4. 预防　应对患者进行6日隔离治疗。对接触者医学观察7日，流行期间应避免到人群密集的公共场所，接触患者应戴口罩。

二、流行性脑脊髓膜炎

流行性脑脊髓膜炎(简称流脑)，是由脑膜炎奈瑟菌又称脑膜炎球菌引起，经呼吸道传播所致的一种化脓性脑膜炎。其主要临床表现是突发高热、剧烈头痛、频繁呕吐、皮肤黏膜淤点、淤斑及脑膜刺激征，严重者可有败血症休克及脑实质损害，脑脊液呈化脓性改变。本病多见于冬春季，儿童发病率高。

1. 病因、病理

(1) 病原学：脑膜炎奈瑟菌(又称脑膜炎球菌)属奈瑟菌属，革兰阴性双球菌。该菌仅存在于人体，可自带菌者鼻咽部及患者血液、脑脊液、皮肤淤点中发现。在脑脊液及淤点涂片中，该菌多见于中性粒细胞内，仅少数在细胞外。按其表面特异性多糖抗原的不同，可分为A、B、C、D、E、X、Y、Z、W135、H、I、K、L等13个群，其中A、B、C三群最常见。近30年来我国流行菌株一直是A群，占90%以上。本菌裂解可释放内毒素，为其致病的重要因素。并可产生自溶酶，在体外易自溶而死亡。

(2) 流行病学

① 传染源：带菌者和流脑病人。

② 传播途径：经呼吸道传播，很少间接传播。但密切接触如同睡、拥抱、喂奶、接吻等，对2岁以下婴幼儿传染本病有重要意义。

③ 易感性：人群普遍易感，5 岁以下儿童尤其是 6 个月至 2 岁的婴幼儿发病率最高。

④ 流行特征：有明显季节性，多发生在 11 月至次年 5 月，3 月至 4 月为高峰。

（3）发病机制

① 发病机制：少数情况下因机体免疫力低下或细菌毒力较强，细菌从鼻咽部进入血循环，发展为败血症，通过血脑屏障进入脑脊髓膜引起化脓性炎症。

② 败血症期：细菌侵袭皮肤血管内皮细胞，迅速繁殖并释放内毒素，作用于小血管和毛细血管，引起局部出血、坏死、细胞浸润及栓塞，临床出现皮肤黏膜淤点。细菌进入血循环并在其中大量繁殖，释放内毒素是本病致病的重要因素，内毒素使全身小血管痉挛，引起严重微循环障碍，致使有效循环血容量减少、引起感染性休克及酸中毒。亦可引起内脏广泛出血。由于广泛血管内皮细胞损伤及内毒素作用，胶原暴露及内外凝血系统被激活，加之血小板的凝集破坏和凝血物质的大量消耗，而引起 DIC 及继发纤溶亢进，而加重微循环障碍、出血及休克；还可导致皮肤、内脏广泛出血，造成多器官功能衰竭。

③ 脑膜炎期：脑膜及脊髓膜血管内皮细胞坏死、水肿、充血、出血及通透性增加，引起脑脊髓膜化脓性炎症及颅内压升高，出现惊厥、昏迷等症状。严重者脑实质亦有炎症、水肿及充血。内毒素可引起脑血管微循环障碍、脑血管痉挛、缺血及出血，而加重上述病变。严重脑水肿时脑组织可向颅内小脑幕裂孔及枕骨大孔突出，形成脑疝，出现昏迷加深、瞳孔变化及呼吸衰竭，可迅速死亡。

（4）病理解剖：败血症期主要病变是血管内皮损害，血管壁炎症、坏死及血栓形成，血管周围出血。皮肤黏膜局灶性出血，肺、心、胃肠道及肾上腺皮质等脏器亦可有广泛出血。亦常见心肌炎及肺水肿。脑膜炎期主要病变部位在软脑膜和蛛网膜，表现为脑膜血管充血、出血、炎症和水肿，引起颅内压升高；大量纤维蛋白、中性粒细胞及血浆外渗，引起脑脊液混浊。亦可引起颅底部炎症、粘连,而发生视神经、展神经、动眼神经、面神经或听神经等脑神经损害,并出现相应的临床表现。暴发型脑膜脑炎型病变主要在脑实质,引起脑组织坏死、充血、出血及水肿,颅内压显著升高,严重者发生脑疝。少数患者可引起脑室孔阻塞,造成脑脊液循环障碍,可引起脑积水。

(5) 临床表现:潜伏期为1～10天,一般为2～3天。按病情分如下各型、各期。

① 普通型:最常见。前驱期(上呼吸道感染期)。败血症期重要体征是70%～90%患者有皮肤黏膜淤点或淤斑,病情严重者淤斑迅速扩大融合。脑膜炎期主要是中枢神经系统症状,剧烈头痛、频繁呕吐、烦躁不安,颈项强直、克氏征及布氏征阳性等脑膜刺激征。重者有谵妄、神志障碍及抽筋。恢复期,约10%患者出现口唇疱疹。

② 暴发型

a. 休克型:起病急,高热寒战,严重者体温不升,伴头痛、呕吐及全身严重中毒症状,精神萎靡及烦躁不安。全身皮肤黏膜广泛淤点、淤斑,可迅速融合成大片伴中央坏死。循环衰竭表现为面色苍白、四肢末端厥冷、发绀、皮肤呈花斑状,脉搏细速甚至触不到,血压下降甚至测不出。但脑膜刺激征大多缺如。可有呼吸急促,易并发DIC。脑脊液检查大多澄清,细胞数正常或轻度增加。

b. 脑膜脑炎型:主要表现为脑实质损害,除高热、头痛、呕吐外,意识障碍加深,并迅速进入昏迷状态;反复惊厥,锥体束征阳性。血压升高,心率减慢,瞳孔忽大忽小或一大一小,眼底检查见静脉迂曲及视神经盘水肿等脑水肿表现。严重脑水肿可发生脑疝,常见枕骨大孔疝,并迅速出现呼吸衰竭,亦可有天幕裂孔疝,表现为昏迷,同侧瞳孔散大及对光反应消失,眼球固定或外展,对侧肢体瘫痪。均可因呼吸衰竭而死亡。

c. 混合型:以上两型临床表现同时或先后出现。

③ 轻型:多见于流脑流行后期,病变轻微,临床表现较轻,可有脑膜刺激征。脑脊液多无明显变化,咽培养可有病原菌。

婴幼儿流脑的特点：婴幼儿颅骨骨缝及囟门未闭合，中枢神经系统发育未成熟，故临床表现不典型。有咳嗽等呼吸道症状及拒食、呕吐、腹泻等消化道症状；可有烦躁不安、尖声哭叫、惊厥及囟门隆起、脑膜刺激征可不明显。

老年流脑的特点：① 暴发型发病率较高。② 上呼吸道感染症状多见，意识障碍明显，皮肤黏膜淤点淤斑发生率高。③ 病程长，并发症多，预后差，病死率高。④ 实验室检查示血白细胞计数可能不高，示病情重，机体反应差。

(6) 实验室检查

① 血常规检查：白细胞总数明显增高，多在 20×10^9/L 以上。

② 脑脊液检查：白细胞数明显升高，在 $1\,000\times10^6$/L 以上，以多核细胞增高为主。蛋白质含量增高，糖及氯化物明显减低。

③ 细菌学检查：本病菌体外易自溶，故标本采集后应及时送检。在皮肤淤点处刺破，挤出少量组织液做涂片及染色。脑脊液沉淀涂片染色。还可做血或脑脊液细菌培养。

④ 免疫学检查：脑膜炎球菌特异性抗体。

(7) 并发症与后遗症

① 并发症：中耳炎、化脓性关节炎、心内膜炎、心包炎、肺炎及脓胸等。

② 后遗症：硬膜下积液、脑积水、脑神经损害引起的动眼神经麻痹、耳聋及失明等。亦可有肢体瘫痪、癫痫或精神障碍。

2. 诊断要点

(1) 流行病学：多冬春季流行，儿童多见。当地有本病发生及流行。

(2) 临床表现：突发高热、剧烈头痛、频繁呕吐、皮肤黏膜淤点、淤斑及脑膜刺激征。严重者有败血症、脑实质损害，而出现感染性休克、循环衰竭、神志障碍、惊厥及呼吸衰竭。

(3) 实验检查：血白细胞总数及中性粒细胞明显增高；脑脊液检查颅压升高及化脓性改变；细菌学检查阳性即可确诊。

3. 治疗原则

(1) 一般治疗：强调早期诊断，就地住院隔离治疗，做好护理，预防并发症。保证足够液体量及电解质。密切监护，及时发现病情变化。

(2) 病原治疗：尽早足量应用细菌敏感并能透过血脑屏障的抗菌药物，如青霉素、头孢菌素类、氯霉素对骨髓有抑制作用，故不首选。磺胺药由于耐药菌株增加故已不用或少用。

(3) 对症治疗：用物理降温及应用退热药物；脱水降颅压。

(4) 对暴发型的治疗

① 休克型：尽早应用有效抗生素。迅速纠正休克（参见感染性休克节）。肾上腺皮质激素短期应用，减轻毒血症，稳定溶酶体，亦可解痉、增强心肌收缩力及抑制血小板凝集，有利于纠正休克。抗 DIC 治疗应输入新鲜血、血浆及应用维生素 K，以补充被消耗的凝血因子，保护重要脏器功能。

② 脑膜脑炎型：治疗的关键是早期发现颅压增高，及时脱水治疗，防止脑疝及呼吸衰竭。

4．预防

(1) 早期发现病人应就地隔离治疗，密切接触者应医学观察 7 天。

(2) 菌苗预防注射：国内多年来应用脑膜炎球菌 A 群多糖菌苗，保护率达 90％以上。

(3) 药物预防：对密切接触者可用复方磺胺甲噁唑或利福平。

三、伤寒、副伤寒

伤寒是由伤寒杆菌引起的急性肠道传染病。病理组织改变主要是全身单核—巨噬细胞系统增生性反应，尤以回肠下段淋巴组织病变最明显。临床特征为持续发热、相对缓脉、全身中毒症状与消化道症状、玫瑰疹、肝脾肿大与白细胞减少等。肠出血、肠穿孔为主要的严重并发症。

1．病因、病理

(1) 病原学：伤寒沙门菌属革兰染色阴性。不产生外毒素，菌体裂解释放出内毒素。本菌具有菌体“O”抗原、鞭毛“H”抗原和表面“Vi”抗原。

（2）流行病学

① 传染源：病人与带菌者均是传染源。排菌期限在3个月以内称为暂时性带菌者，3个月以上称为慢性带菌者。慢性带菌者是本病不断传播或流行的主要传染源。

② 传播途径：水源污染是本病传播的重要途径，并常是暴发流行的主要原因。食物污染亦可引起本病流行。散发病例一般以日常生活接触传播为多。

③ 人群易感性：普遍易感，病后免疫力持久，少有第二次发病者。伤寒、副伤寒之间并无交叉免疫。

④ 流行特征：本病终年可见，夏秋为多。以儿童及青壮年为多见。

（3）发病机制与病理解剖

① 发病机制：伤寒沙门菌进入消化道后，经淋巴管进入肠道淋巴组织及肠系膜淋巴结继续繁殖，再由胸导管进入血流，引起第一次菌血症。随血流进入肝、脾、胆囊、骨髓等组织器官内继续大量繁殖，再次进入血液引起第二次菌血症，释放内毒素，产生临床症状。病程第2～3周，伤寒沙门菌继续随血流播散全身，经胆囊进入肠道，大量细菌从粪便排出。来自胆囊的伤寒沙门菌，部分通过小肠黏膜，再次入侵肠道淋巴组织，加重肠道病变。少数患者病愈后胆囊长期保留病菌，成为慢性带菌者。

② 病理解剖：伤寒的病理特点是全身单核—巨噬细胞系统的增生性反应。回肠下段的集合淋巴结与孤立淋巴滤泡的病变具有特征性。病程第1周，淋巴组织增生肿胀；第2周，淋巴组织坏死；第3周，坏死组织脱落形成溃疡；第4周，溃疡逐渐愈合，不留瘢痕。

（4）临床表现：潜伏期为7～23天，一般为10～14天。典型的临床经过可分为下述四期：

① 初期（侵袭期）：病程第1周。发热是最早出现的症状，体

温呈阶梯形上升，可在 5～7 天内高达 39～40℃。发热前可有畏寒，少有寒战，出汗不多。

② 极期：病程第 2～3 周。常有伤寒的典型表现，肠出血、肠穿孔等并发症较多在本期出现。高热、稽留热为主要热型，持续 10～14 天。消化道症状，右下腹可有轻压痛。神经系统症状，精神恍惚、表情淡漠、呆滞、反应迟钝、听力减退，重者可出现谵妄、昏迷、病理反射等中毒性脑病表现。循环系统症状，常有相对缓脉或重脉，如并发心肌炎，则相对缓脉不显。肝脾肿大，并发中毒性肝炎时，肝功能异常，部分患者可有黄疸。病程 7～13 天部分患者皮肤出现淡红色小斑丘疹(玫瑰疹)，直径 2～4 mm，压之褪色，多在 10 个以下，分批出现，多分布于胸腔，亦可见于背部与四肢，多在 2～4天内消退。出汗较多者，可见水晶型汗疹(白痱)。

③ 缓解期：病程第 3～4 周。体温出现波动，并开始逐步下降。本期仍有可能出现各种并发症。

④ 恢复期：病程第 5 周。体温恢复正常，食欲好转. 通常在 1 个月左右完全康复。

临床类型：可分为轻型、普通型、迁延型、逍遥型、暴发型(高热、休克、中毒性脑病、中毒性肝炎、中毒性心肌炎、DIC 等)。

小儿伤寒的临床表现不典型，胃肠道症状明显，肝脾肿大较常见，易并发支气管肺炎。外周血白细胞数一般不减少，甚或增高。

老年伤寒的临床表现也不典型，通常发热不高，但易出现虚脱，常可并发支气管肺炎和心力衰竭，持续胃肠功能紊乱、记忆力减退，病程迁延，恢复慢，病死率较高。

少数患者退热后 1～3 周，临床症状再现，血培养再度阳性，称为复发。

部分病者在病后 2～3 周体温开始下降但尚未恢复正常时，体温又再复升，血培养可为阳性，称为再燃。

(5) 并发症

① 肠出血：多见于病程第 2 周到第 4 周。

② 肠穿孔：最严重的并发症，多见于病程第 2～4 周，好发于

末段回肠。

③ 中毒性肝炎：常见于病程1～3周，肝肿大，压痛，ALT上升，少数患者可有轻度黄疸。

④ 中毒性心肌炎：见于病程第2～3周，心率加快，第一心音低钝、期前收缩、血压下降等。心电图可有P－R间期延长、T波改变与ST段下降、平坦等改变。

⑤ 支气管炎或支气管肺炎：支气管炎多见于病程早期，通常是继发感染。

⑥ 其他：中毒性肺病、溶血性尿毒综合征、脑膜炎、肾盂肾炎等。

(6) 实验室检查

① 血象：白细胞数一般在$(3\sim5)\times10^9/L$，中性粒细胞减少，嗜酸性粒细胞减少或消失。

② 伤寒沙门菌培养：a. 血培养，为最常用的确诊伤寒的依据。病程第1～2周的阳性率最高(80%～90%)，第3周约为50%，第4周后不易检出。已接受抗菌治疗者可作血块培养，去除血清中所含抗菌药物，增加阳性机会。b. 骨髓培养阳性率高于血培养。c. 粪便培养，第3～4周的阳性率较高。d. 尿培养，早期常为阴性，病程第3～4周有时可获阳性结果，但须排除粪便污染尿液。e. 十二指肠引流胆汁培养：用于带菌者的诊断与疗效评价。f. 玫瑰疹吸取物培养不作为常规。

③ 肥达反应：通常在病后1周左右出现抗体，第3～4周的阳性率可达70%以上。"O"抗原为伤寒沙门菌、副伤寒甲、乙杆菌的共同抗原，鞭毛抗原("H"、"A"、"B")特异性抗体判断菌种，可确定为阳性。评价肥达反应的结果，应注意下列几点：a. 若只有"O"抗体上升，而"H"抗体不上升，可能是发病早期；相反，只有"H"抗体上升，而"O"抗体不增高，可能是不久前患过伤寒或经伤寒菌苗预防接种，或因其他发热性疾患所致的非特异性回忆反应。b. 早期应用有效抗菌药物，病原菌清除早，抗体效价可能不高。c. 沙门菌D群与A群有部分的共同抗原，后者的感染可产生"O"与

“H”抗体的交叉反应。d. 某些疾病如急性血吸虫病、败血症、结核病、风湿病、溃疡性结肠炎等，可出现假阳性反应。部分血培养阳性证实的伤寒患者，该试验却有假阴性结果。

④ “Vi”抗体的检测：可用于慢性带菌者的调查，如“Vi”抗体效价平稳下降，提示带菌状态消除。

2. 诊断要点

（1）流行病学资料：注意流行地区、季节、当地是否有伤寒正在流行、既往病史、预防接种史以及曾与患者接触史。

（2）临床表现：持续发热1周以上，表情淡漠、呆滞、腹胀、便秘或腹泻，相对缓脉；玫瑰疹，脾肿大等。并发肠出血或肠穿孔则有助于诊断。对不典型的轻症患者亦应注意，以免误诊、漏诊。

（3）实验室检查：白细胞效减少，淋巴细胞相对增多，嗜酸性粒细胞减少或消失。肥达反应阳性。确诊的依据是检出伤寒沙门菌。

3. 治疗原则

（1）一般治疗：隔离与休息；护理与饮食，饮食不当，有可能诱发肠出血、肠穿孔；对症处理，高热时酌用冰敷、乙醇擦浴等物理降温方法。不宜用大量退热药，以免虚脱。毒血症状严重的患者，在足量、有效的抗菌治疗同时，可加用肾上腺皮质激素减轻毒血症状；腹胀显著者慎用，以免诱发肠穿孔或肠出血。

（2）病原治疗

① 喹诺酮类：氧氟沙星、左旋氧氟沙里、环丙沙星等，为首选药物。但孕妇与儿童不宜应用。

② 氯霉素：对氯霉素敏感的非多重耐药伤寒沙门菌株所致的伤寒散发病例，氯霉素仍为有效药物。氯霉素治疗期间，应密切观察血像的变化，尤其粒细胞减少症的发生。偶可见血小板数减少、再生障碍性贫血以及中毒性精神病等。

③ 头孢菌素类：孕妇与儿童可选用。一般成年人不作为首选药。

（3）并发症治疗

① 肠出血：严格卧床休息，暂禁饮食或只食少量流质。严密观察血压、脉搏、神志变化及便血情况。适当输液并注意水、电解质平衡。使用一般止血剂，视出血量的多少，适量输入新鲜全血。患者烦躁不安时，可适当使用镇静药物。大量出血经积极的内科治疗无效时，可考虑手术处理。

② 肠穿孔：禁食，胃肠减压，静脉输液维持水、电解质平衡与热量供应。加强抗菌药物治疗，控制腹膜炎。视具体情况及时手术治疗。

③ 中毒性心肌炎：在足量有效的抗菌药物治疗下，应用肾上腺皮质激素及改善心肌营养状态的药物。如出现心功能不全时，可在严密观察下应用小剂量洋地黄制剂。

④ 慢性带菌者的治疗：应用氨苄西林与丙磺舒联合治疗，氨苄西林每日 3～6 g，分次口服；丙磺舒每日 1～1.5 g，连用 4～6 周。亦可用喹诺酮类治疗，氧氟沙星每次 300 mg，每天两次，疗程 6 周。内科治疗效果不佳时，合并胆道炎症、胆石症者，可考虑手术切除胆囊。

4. 预防

(1) 控制传染源：及早隔离，治疗患者，体温正常后 15 天，或每隔 5 天做粪便培养 1 次，连续 2 次阴性，可解除隔离。患者的大小便、便器、食具、衣服、生活用品等均须消毒处理。

饮食业从业人员定期检查，及时发现带菌者。性带菌者要进行治疗、监督和管理。

接触者要进行医学观察 3 周（副伤寒为 15 天）。有发热的可疑患者，应及早隔离治疗观察。

(2) 切断传播途径：是预防本病的关键性措施。应大力开展爱国卫生运动，做好卫生宣教，搞好“三管一灭”（粪便、水源和饮食卫生管理，消灭苍蝇）。养成良好个人卫生习惯与饮食卫生习惯，饭前、便后洗手，不吃不洁食物，不饮用生水、生奶等。

(3) 提高人群免疫力：易感人群可进行预防接种。伤寒、副伤寒甲、乙三联菌苗不良反应较大，实际应用已较少。近几年来，口服伤寒菌苗的研究有了较大的发展。

5. 副伤寒

(1) 副伤寒甲、乙:潜伏期为2～15天,一般为8～10天。起病时可有急性胃肠炎症状,2～3天后出现发热等伤寒临床表现,弛张热较多见,热程较短(副伤寒甲平均3周,副伤寒乙2周),毒血症状较轻,但胃肠症状明显(副伤寒乙尤多见)。玫瑰疹出现较早、较多、较大,颜色较深。肠道病变较少较表浅,肠出血与穿孔均少见。病死率较低。副伤寒甲的复发机会较伤寒多。

(2) 副伤寒丙:临床表现复杂,起病急,体温上升快,不规则热,常伴寒战。主要表现为败血症型,其次为伤寒或胃肠炎型。热程一般为2～3周,重症患者则持续较长时间。败血症型并发症多而顽固,常见肺部并发症,骨及关节的局限性化脓性病灶。偶可并发化脓性脑膜炎、中毒性脑病、心内膜炎、肾盂肾炎、胆囊炎、皮下脓肿、肝脓肿等,肠出血、肠穿孔少见。

(钟 备)

四、细菌性食物中毒

细菌性食物中毒指进食被细菌或细菌毒素污染的食物所引起的急性感染性中毒性疾病。夏秋季多见,以恶心、呕吐、腹痛、腹泻等急性胃肠炎症状为主要特征。

1. 发病机制

(1) 肠毒素:大多数细菌能产生肠毒素或类似毒素。肠毒素刺激肠壁上皮细胞,并激活细胞有关酶系统,促进液体及氢离子的分泌,抑制肠壁上皮细胞对钠和水分的吸收,导致腹泻。

(2) 侵袭性损害:沙门菌、副溶血弧菌、变形杆菌等,能侵袭肠黏膜上皮细胞,引起黏膜充血、水肿,上皮细胞变性、坏死、脱落,并形成溃疡。

(3) 内毒素:沙门菌菌体裂解后释放的内毒素致病性较强,可引起发热、胃肠黏膜炎症、消化道蠕动增加,并产生呕吐、腹泻等症状。

(4) 过敏反应：变形杆菌能使蛋白质中的胆氨酸脱羧基形成组胺，引起过敏反应。病理改变轻微，由于细菌不侵入组织，故可无炎症改变。

2. 诊断

(1) 流行病学资料：明显夏秋季节高峰，有不洁饮食史。

(2) 临床表现：有急性胃肠炎的临床特征。

(3) 实验室检查：细菌学及血清学检查，对可疑食物、患者呕吐物及粪便进行细菌学培养、分离，鉴定菌型。留取早期及病后两周的双份血清与培养分离所及可疑细菌做血清凝集试验。

3. 治疗原则

(1) 一般治疗：卧床休息，流汁或半流汁饮食，补充糖水、盐水、床边隔离。

(2) 对症治疗。

(3) 抗菌治疗：一般无需使用抗生素，对症疗法即可治愈。症状较重者、发热明显者、白细胞增多者应及时选用抗菌药物。

4. 预防

(1) 加强饮食卫生监督及管理。

(2) 讲究饮食卫生，把住“病从口入”关。

(3) 发现可疑病例，及时报告病情，及早控制病情。

（李定坤）

五、细菌性痢疾

细菌性痢疾是志贺菌属引起的肠道传染病。其主要临床表现为发热、腹痛、腹泻、里急后重、排脓血样便。常年散发，夏秋多见，目前仍为我国多发病之一。

1. 病因、病理　痢疾杆菌进入胃肠为后，如人体胃酸分泌正常和正常的肠道菌群，即分泌性 IgA 抗体的共同作用，使之不能致病。如局部免疫力不足，痢疾杆菌即可吸附，并进入肠黏膜上皮，在其中繁殖。然后再通过基膜进入固有层繁殖并引起严重反应。痢疾杆菌进入肠黏膜固有层后，引起固有层小血管的痉挛，导致上皮细胞缺血、缺氧、变性、坏死，形成浅表溃疡，从而产生腹痛、腹泻、脓血便等症状。

2. 诊断要点

(1) 流行病学资料：明显的夏秋季高峰，有不洁的饮食史。

(2) 临床表现：起病急。常有发冷、发热、全身不适、腹痛、腹泻。大便初为稀便，1～2 日内即转为典型的脓血便，每次量很少，常有脓血而非粪质，血为鲜红色。每日达 10 次以上，常伴有里急后重。同时伴有全腹压痛，以左下腹为重；严重患者，尤其是老弱者，常大便失禁，同时可有酸中毒、电解质紊乱、鼓肠、神志模糊、循环衰竭等。

(3) 实验室检查

① 血象：急性期白细胞总数和中性粒细胞中度增加。

② 粪便：急性期典型粪便为少量脓血黏液便，无粪质。显微镜下可见大量脓细胞、红细胞与巨噬细胞。细菌培养阳性，结合临床可确诊。

3. 治疗原则

(1) 一般治疗：卧床休息。肠道隔离饮食以流质、半流质为主，忌多渣、难消化食物。高热、脱水或因呕吐不能饮食者可静脉补液。亦可口服补液。

(2) 病原治疗：根据当地流行菌株药敏试验或患者大便培养的药敏结果，可用氟哌酸、复方新诺明、黄连素及中草药等。疗程不短于 5～7 天。

（俞海英）

六、霍乱

霍乱是由霍乱弧菌所致的烈性传染病。病人和带菌者是霍乱的传染源，可通过水、食物、日常生活接触和苍蝇等不同途径进行传播或蔓延，其中水的作用最突出，人群普遍易感。

1. 病因、病理　霍乱弧菌经口感染，通过胃而进入小肠，黏附于肠黏膜表面，迅速大量繁殖，并产生霍乱肠毒素。由于霍乱肠毒素对小肠黏膜和肠腺上皮细胞的作用,引起肠液的过度分泌,超过肠管再吸收的能力,同时由于胃肠排空蠕动增加,结果出现水样腹泻而丧失大量水分和电解质,从而使患者产生不同程度的脱水、电解质紊乱和低钾综合征。

2. 诊断要点

(1) 流行病学资料:流行地区,与病人或带菌者有密切接触史,或有不洁饮食史,或当地有水源污染。

(2) 临床表现:多数以剧烈腹泻开始,继以呕吐。多无腹痛,亦无里急后重,每日大便数次至十数次或更多。大便性状初为稀便,后即为水样便,典型为米泔水样或洗肉水样。部分患者有恶心、呕吐,呕吐呈喷射状,呕吐物与大便性质相仿,多无发热。

由于严重泻吐引起水和电解质丧失,可出现脱水、周围循环衰竭和电解质紊乱。低钠可引起腓肠肌及腹直肌痉挛;低钾可引起全身肌张力减低,甚至麻痹、心律失常等;碳酸氢根离子大量丧失可产生代谢性酸中毒。病情严重者可出现急性肾功能衰竭。

(3) 实验室检查

① 粪便常规检查:粪便中可有黏液,镜检仅见少数白细胞。

② 粪便涂片检查:镜检可见革兰阴性的弧菌,排列呈鱼群状。

③ 粪便制动试验:采用粪便悬滴镜检,可见到运动力强,呈穿梭状快速运动的细菌,用暗视野观察可见弧菌呈流星样的特征性运动,此运动能被特异性抗血清所抑制。

④ 粪便培养:将粪便标本直接接种于碱性蛋白胨水增菌后,于碱性琼脂培养基上做分离培养。

⑤ 血清学检查:血清中可出现抗菌的凝集素、杀弧菌抗体及抗毒抗体。双份血清抗体效价 4 倍以上增长,有追溯性诊断意义。

3. 治疗原则

(1) 静脉补液:补充液体和电解质是治疗本病的关键环节。补液原则为早期、迅速、足量,先盐后糖、先快后慢,纠酸补钙、见尿补钾,但对老人、婴幼儿补液不可过快。

(2) 口服补液:轻、中型患者可口服补液。

(3) 抗菌药物治疗：输液的同时给予抗菌药物，能减少腹泻量和缩短排菌期。常用的有诺氟沙星、环丙沙星、多西环素及复方磺胺甲噁唑。可选择其中一种，连服3日。

(4) 抗肠毒素治疗：可应用氯丙嗪或黄连素。

(5) 对症治疗：① 纠正酸中毒，可应用5%$NaHCO_3$，酌情纠酸。② 纠正低血钾：补液过程中出现低血钾者应静脉滴入氯化钾，轻度低血钾可口服补钾。③ 纠正休克和心力衰竭：如补液后血容量基本恢复，但血压未复常者可用皮质激素，静脉滴注，并可加用血管活性药物。④ 心衰、肺水肿：应暂停或减慢输液速度，西地兰（毛花苷丙）或毒毛花苷K，缓慢静注，必要时应用速尿（呋塞米）静脉注射。⑤ 急性肾功能衰竭时可采用透析疗法。

4. 预防措施　及时发现病人，尽早隔离治疗。对密切接触者应严格检疫5天，也可给予预防性服药，如多西环素或诺氟沙星。

（姚文虎）

七、白喉

白喉是由白喉棒状杆菌引起的急性呼吸道传染病，以咽、鼻、喉等处黏膜充血、肿胀并有灰白色伪膜形成为突出临床特征，严重者可引起心肌炎与末梢神经麻痹。

1. 病因、病理　白喉杆菌侵袭上呼吸道黏膜后，在表皮上皮细胞内增殖。白喉杆菌外毒素为主要致病因素，外毒素对黏膜的损害，导致纤维蛋白、坏死细胞及白细胞、细菌凝结，形成伪膜。伪膜可见于鼻、咽、喉、眼结膜、耳、外阴、皮肤破损处等部位。外毒素吸收可引起寒热、头身疼痛等全身中毒症状。可并发休克、心肌炎、神经麻痹、中毒性肾病、支气管肺炎以及肝脏、肾上腺皮质等脏器损害。

2. 诊断要点

(1) 流行病学资料：当地有流行史，秋冬季节高发，患者属易感者。

(2) 临床表现：潜伏期为1～7天，多数为2～4天。

① 咽白喉：最常见，依据病变部位，可分为以下类型。

普通型：起病较缓。有咽部疼痛或不适感，咽中度红肿，扁桃体上有片状假膜，呈灰色，周缘充血，假膜不易剥脱，用力擦去，周围有渗血。常有颌下淋巴结肿大、压痛。全身症状有轻度发热、乏力、食欲减退。

轻型：咽部轻痛及红肿。假膜局限于扁桃体，一侧或两侧有点状或小片状假膜。全身症状轻。

重型：普通型未及时治疗，假膜迅速扩大，由扁桃体扩展至悬雍垂、软腭、咽后壁、鼻咽部和喉部。假膜厚，边界清楚，呈灰黄色或黑色，周围黏膜红肿明显。扁桃体明显肿大。颈淋巴结肿大、压痛，周围组织可有水肿。全身症状严重。常并发心肌炎和周围神经麻痹。

极重型：起病急。假膜范围广泛，多因出血而呈黑色。扁桃体和咽部高度肿胀，阻塞咽门，影响呼吸，或因有坏死形成溃疡，有腐臭气息。颈淋巴结肿大，软组织水肿明显，形如"牛颈"。全身中毒症状极重，有高热、面色苍白、呼吸困难、脉细速、血压下降、皮肤黏膜出血。可出现心脏扩大、心律失常、奔马律等。

② 喉白喉：多为咽白喉向下蔓延所致，主要表现为进行性梗阻症状，如未及时进行气管切开，常因窒息缺氧和衰竭而死。假膜也可向下延至气管、支气管，形成气管、支气管白喉。此时呼吸困难更重，气管切开后，一度缓解的呼吸困难在短期内再度加重，假膜如被吸出或咳出后，呼吸困难立即减轻或缓解。

③ 鼻白喉：见于婴幼儿，多与咽、喉白喉同时发生，主要表现为鼻塞、流黏稠的浆液性鼻涕，鼻孔周围皮肤发红、糜烂、结痂，经久不愈，鼻中隔前部有假膜，张口呼吸等。继发性鼻白喉，除上述表现外，中毒症状较重。

④ 其他部位白喉：其他如皮肤、眼结膜、耳、口腔前部、女孩外阴部、新生儿脐带、食管和胃等，也可发生白喉，但少见。

3. 实验室检查

(1) 血象：白细胞总数及中性粒细胞均增高。

(2) 细菌检查:用2%亚碲酸钾溶液涂抹在伪膜上,20分钟后伪膜变为黑色或深灰色为阳性,提示棒状杆菌感染。取伪膜周缘分泌物作涂片和培养,检查白喉杆菌。

(3) 免疫学检查:白喉杆菌毒素试验及毒力试验均呈阳性者应视为白喉病人,毒力阴性者为带毒者。两者均阴性则可否定本病。

4. 治疗原则

(1) 一般护理:严格隔离,不少于7天,卧床休息2～4周,有心肌损害时应延长至4～6周,甚至更长。烦躁不安者,可给镇静剂。给予易消化、刺激性小的饮食与维生素B、维生素C,保持口腔清洁,防止继发感染。

(2) 药物治疗

① 白喉抗毒素:宜早期、足量。依据病情轻、中、重的不同,剂量分别为2 U、6 U、10 U,肌内注射。注意使用前进行皮试:用生理盐水稀释10倍后取0.1 ml注射于前臂屈侧皮内,15～30分钟后无过敏反应(红肿)方可应用,过敏者须先做脱敏治疗。

② 抗生素:首选青霉素,疗程7～10天。也可用红霉素、四环素或联用。

③ 其他:中毒症状严重患者酌用皮质激素;并发心肌炎患者静注高渗糖、能量合剂、维生素C、维生素B_6等;喉梗阻患者可气管滴入α蛋白酶;出现神经麻痹患者者可用B族维生素B_1、B_6、B_{12}等。

4. 预防措施　隔离病人至病愈后两次咽拭子培养阴性。最重要的措施是按计划免疫程序于3、5、6月龄注射百白破混合制剂。

八、百日咳

百日咳是由百日咳杆菌引起的急性呼吸道传染病。临床特征为咳嗽逐渐加重,呈阵发性痉挛性咳嗽及咳嗽末伴有鸡鸣样吸气吼声。未经治疗的患者,病程可延续2～3月,故名“百日咳”。多发生于儿童。

1. 病因、病理　百日咳杆菌侵入呼吸道后，附着在呼吸道上皮细胞的纤毛上繁殖并产生毒素和毒素样物质，引起纤毛运动障碍和纤毛细胞的破坏。支气管黏膜广泛炎症，黏液分泌物增多，纤毛损伤。积聚的分泌物不断地刺激呼吸道神经末梢，通过咳嗽中枢，反射引起痉挛性咳嗽。由于长期咳嗽刺激，在大脑皮层咳嗽中枢形成了兴奋灶，因此在恢复期或病愈数月后，由于哭闹等因素仍可诱发百日咳样咳嗽。

2. 诊断要点

(1) 流行病学资料：发病前1～3周有百日咳接触史，无疫苗接种史。

(2) 临床表现：本病轻重和病程长短差别很大，潜伏期3～21天，临床可分为三期。

① 卡他期：可见咳嗽、喷嚏、低热等上呼吸道症状。3～4天后，上述症状减轻，低热消失，咳嗽日见加剧，逐渐发展至阵发性痉挛期，本期传染性强。

② 痉咳期：一般为2～6周，特点为阵发性痉挛性咳嗽。发作时连续10余声至20～30声短促的咳嗽，呈呼气状态，伴1次深长吸气，此时空气通过狭窄的声带而产生高音调鸡鸣样吼声，如此反复多次，直至咳出大量黏稠痰或呕吐为止。痉咳时面红耳赤，舌外伸，颈静脉怒张，躯体弯曲作团状。可有眼睑浮肿、眼结膜出血、鼻出血，重者可发生颅内出血。因摩擦舌系带而发生溃疡，病情轻者，多数痉咳后一般情况尚好，神态、活动及饮食均如常。

新生儿及幼婴，病情多表现严重。因呼吸肌和胸廓软弱，无力咳嗽，也可无鸡鸣样吼声。因气管及支气管狭窄，痰不易咳出，易致堵塞，往往发生阵发性屏气、发绀、窒息，需及时做人工呼吸帮助呼吸恢复。并易发生脑缺氧而惊厥。早期出现上述症状、严重窒息者，预后不佳。

③ 恢复期：咳嗽逐渐减轻，吼声消失至咳嗽停止，精神食欲恢复正常。遇烟、气味等刺激及上呼吸道感染，痉咳可再次出现，但

较轻。上呼吸道感染和支气管炎愈后，痉咳随之消失。

(3) 实验室检查

① 血象：前驱期末即可见白细胞总数增高，一般在 $15\times10^9/L$ 以上，分类淋巴细胞占 60%～70%以上。

② 血清学检查：ELISA 检测特异性 IgM，可做早期诊断。

③ 细菌学检查：咳碟法是直接将培养皿面对患儿口腔距离 3～5 cm 处，咳 5～6 声后，即将培养皿送入 37℃温箱中孵育。还可以鼻咽后壁取分泌物进行培养。两者早期阳性率达 90%。

④ 分子杂交与 PCR 检查：特异性和敏感性均很高，可快速诊断。

3. 治疗原则

(1) 一般治疗：保持室内安静，空气新鲜和适当的温度与湿度，以使患者安静休息。注意营养，避免诱发痉咳因素。

(2) 药物治疗

① 早期可用抗生素，首选红霉素。

② 控制痉咳可酌选皮质激素、维生素 K_1。

③ 重症幼婴应用静脉丙种球蛋白或高价免疫球蛋白，能减少痉咳次数和缩短痉咳期。

4. 预防措施

(1) 早期诊断，及时隔离，隔离期为从痉咳起 4 周。对有密切接触的易感儿，检疫 3 周。

(2) 对年幼、体弱、有接触史的可给予高效价特异性免疫球蛋白，进行被动免疫，同时可用抗生素或中药。

(3) 用百日咳菌苗、白喉类毒素、破伤风类毒素三联疫苗。在出生后 3 个月可进行基础免疫，每月 1 次，共 3 次。以后按规定定期加强。

第三节　其他感染

一、钩端螺旋体病

钩端螺旋体病简称钩体病，是致病性钩体引起的急性传染病。鼠类和猪是其主要传染源，属自然疫源性疾病。钩体通过皮肤侵入体内成钩体败血症，以急性发热与全身酸痛为主要症状，重者可并发肺出血、黄疸出血、肾功能衰竭或脑膜脑炎，甚至死亡。

1. 病因、病理　钩体经破损或正常皮肤、黏膜处侵入人体，经淋巴管或微血管进入血流，在血流中繁殖，播散成为钩体败血症。继之可侵入各器官、组织、细胞、蛛网膜下隙、眼前房。早期出现全身感染中毒症状，主要为感染中毒性微血管功能的改变，其特点是病理形态改变轻微而功能改变较显著，细胞的亚微结构发生变化。进一步引起肺、肝、肾等内脏损害，相应出现肺出血(灶性与弥漫性)、肝炎(黄疸)、间质性肾炎、脑膜脑炎等。

2. 诊断要点

(1) 流行病学资料：在流行地区，流行季节(6～10 月)，易感者在近期(20 天内)有疫水接触史。

(2) 临床表现：潜伏期为 2～20 天。按其临床表现的主要特点，可分为以下几型：

① 单纯型(流感伤寒型，感染中毒型)：即单纯败血症，其主要特点为：

发热：起病急，有畏寒发热，多呈稽留热，体温高达 39℃左右，部分患者呈弛张热，可有头痛。

肌肉酸痛：全身肌肉酸痛，以腓肠肌疼痛和腰背肌疼痛较突出。全身乏力显著，肢体软弱，甚至难以下床站立和行动。

结膜充血：较明显，无炎性分泌物。

腓肠肌压痛：轻重程度不一，重者呈刀割样，拒按。

浅表淋巴结肿大与疼痛：主要为双侧腹股沟、腋窝淋巴结，轻度肿大，疼痛与压痛，质较软，局部无红肿，不化脓。

其他：可有咽疼充血，软腭出血点。纳差、恶心或呕吐，腹泻。咳嗽、胸痛或咯血。严重者出现微循环障碍，甚至休克。肝脾可有轻度肿大，压痛与叩痛。

病程一般 5～10 天，发热渐退而愈。

② 肺出血型：于病程 3～4 天后，病情加重出现不同程度的肺出血。

轻度肺出血型：咳嗽与痰中带血，肺部可闻少量湿啰音，X 线胸片可见双肺散在点状或小片状阴影，经及时而适当的抗菌治疗较易痊愈。

肺弥漫性出血型：主要临床表现为：发热及其他中毒症状进行性加重。心慌、气急，血痰增多或尚无血痰，但呼吸、脉搏增快，双肺较多湿啰音，心动过速，X 线胸片示双肺纹理增多，广泛点片状阴影。进一步加重后（治疗无效后数小时），患者烦躁不安，神志恍惚或昏迷，显著发绀，呼吸不规则，心音弱，心率快呈奔马律，双肺满布湿啰音。咯血较多，继以大量咯血，以至口鼻涌血，迅即窒息死亡。

③ 黄疸出血型：初期发热等表现与单纯型相同，但于病程的 4～5天以后出现黄疸，出血倾向与肾损害表现。按其病情程度可分为：

轻度：轻度黄疸（85 μmol/L 以下），ALT 增高。食欲减退，厌油，上腹部不适，无出血。黄疸出现后 2～3 天，症状改善，黄疸渐消，1～2 周后肝功能恢复。预后良好。

中度：中度黄疸（85～170 μmol/L），ALT 增高。消化道症状明显，有恶心、呕吐，伴轻至中度出血倾向，如皮肤黏膜淤点，鼻出血，凝血功能检查异常。尿蛋白阳性，镜检可见红细胞、白细胞与管型。大多可逐渐恢复。

重度：重度黄疸（170 μmol/L 以上），多项肝功异常。消化道症状严重，可有呃逆。出血倾向较重，可有咯血、呕血与便血，凝血功能检查明显异常。尿少，尿蛋白 2＋以上，较多红、白细胞与管型。可发生氮质血症、尿毒症或肝性脑病，甚至死亡。死因中有急性肾功能衰竭者占60%～70%，有肝衰者占10%～20%。

④ 肾功能衰竭型：蛋白尿、血尿与管型极明显，且有氮质血症，而无黄疸者为本型。多发生在病程第一周内，持续时间1～2日到10日。

⑤ 脑膜脑炎型：起病后2～3天，出现头痛加重、烦躁，甚至恶心、呕吐，以及嗜睡、神志不清、谵妄、瘫痪、抽搐与昏迷等脑炎表现。

少数患者在发热消退，恢复后出现后期并发症，包括后发热、反应性脑膜炎、眼的后发症、闭塞性脑动脉炎。

(3) 实验室检查

血象：白细胞总数和中性粒细胞轻度增高或正常。尿检可见少量蛋白，镜检可见红细胞、白细胞或管型。血沉增快。

特异性检查：

① 血培养：发病一周内血培养阳性率高。

② 血清学试验：显微镜凝集溶解试验一般在病后7～8天出现阳性，逐渐升高，其效价达1∶400(＋＋)以上，或双份血清效价增高4倍以上有诊断意义。另外还可采用免疫荧光抗体、ELISA法以及PCR法检测。

3. 治疗原则

(1) 病原治疗：早期抗生素治疗可以显著缩短病程，减少严重内脏损害的并发症。常用青霉素G 40万U肌注，疗程一般5～7天。

(2) 对症治疗

① 支持治疗：卧床休息；输液；观察与护理。

② 肺出血型：肺弥漫性出血型者易尽早加用镇静剂；及早应用氢化可的松；酌用强心剂；酌情输液，控制滴速。

③ 黄疸出血型：轻、中度按肝炎治疗。重度患者须加强护理；处理出血及输新鲜血；保肝；治疗肾衰。

④ 肾功能衰竭型按急性肾功能衰竭处理；脑膜脑炎型要防止脑水肿、脑疝的发生。

(3) 后发症的治疗：

① 后发热、反应性脑膜炎对症治疗，必要时加激素。

② 葡萄膜炎扩瞳，可的松滴眼，应用激素静滴。

③ 脑内闭塞性动脉炎大剂量青霉素 G、激素、血管扩张剂(烟酸、氨茶碱等)。

4. 预防措施

(1) 控制传染源：管理猪、犬及灭鼠。给猪用活菌菌苗免疫，带菌猪可用链霉素治疗。

(2) 切断传播途径：改造疫源地，搞好环境卫生和消毒和注意防护。

(3) 提高人群免疫力：应根据各地流行的主要菌群制各钩体多价菌苗进行接种。对高度怀疑已受钩体感染者，可用青霉素 G 20 万～40 万 U 肌注，连续 2～3 天。

(赵　红)

二、阿米巴病

1. 病因、病理　阿米巴病是由溶组织内阿米巴感染所引起，阿米巴包囊污染食物和水，经口感染是主要传播途径。按其病变部位及临床表现可分为肠阿米巴病和肠外阿米巴病。肠阿米巴病病变在结肠，依次多见于盲肠、升结肠、直肠、乙状结肠、阑尾和回肠末端。初期病变为浅表溃疡，继而形成小脓肿，破溃后形成口小底大的烧瓶样溃疡，也可并发肠出血、肠穿孔，慢性期可形成肠息肉、肉芽肿、肠壁肥厚及肠狭窄等。肠外阿米巴病，病变在肝、肺或脑，表现为各脏器的脓肿，其中阿米巴肝脓肿最常见。脓肿的中央为坏死灶，呈巧克力色，脓肿有薄壁。

2. 诊断要点

(1) 症状：潜伏期一般为 3 周。肠阿米巴病的典型急性表现为果酱样黏液血便，有腥臭，伴有腹胀或腹痛，中毒症状轻，反复迁延发作后可致贫血、乏力、肠功能紊乱。肝阿米巴病多为肠阿米巴病的并发症，表现为发热、右上腹痛。

(2) 体征:肠阿米巴病患者盲肠与升结肠部位轻度压痛,慢性患者可触及结肠增厚与压痛。肝阿米巴病患者可有肝肿大伴压痛、局部叩痛。

(3) 实验室及器械检查:粪便镜检可找到溶组织内阿米巴滋养体或包囊,纤维肠镜检查可见肠壁大小不等的散在溃疡。酶联免疫吸附试验等检测阿米巴病阳性率为80%~90%。肝阿米巴病患者可有肝功能异常,X线检查可有右侧横膈抬高、右肺底云雾状阴影、胸膜反应或积液,B超可见肝区液性病灶。

3. 治疗原则

(1) 一般治疗:急性患者应卧床休息,给流汁或少渣饮食,慢性患者应加强营养,腹泻严重时应维持内环境平衡。

(2) 病原治疗:急性肠阿米巴病及肝阿米巴病应采用组织内杀阿米巴药,同时加用肠腔内抗阿米巴药。一般首选甲硝唑口服,10天为一个疗程。另外,替硝唑也可选用;肝脓肿直径3 cm以上、靠近体表者,可行肝穿刺引流。慢性肠阿米巴病及无症状的带虫者可选用肠内抗阿米巴药,如双喹啉10~15天为一疗程。

三、疟疾

1. 病因、病理　疟疾是由按蚊叮咬传播疟原虫引起的寄生虫病。恶性疟原虫在红细胞中大量繁殖,使红细胞体积增大成为球形,彼此粘连成团,并极易黏附于微血管内皮细胞,引起微血管的堵塞及局部的病理反应,可见于脑、肺、肾等重要器官。

2. 诊断要点

(1) 流行病学资料:发病前到过流行区,或有输血史。

(2) 临床表现:典型的症状是间歇性寒战、高热,继之大汗热退,特别是呈间日或三日发作一次。脑型疟可引起溶血尿毒综合征及神经系统症状。体征有贫血、黄疸、脾肿大。

(3) 实验室及器械检查诊断的确立有赖于血涂片,恶性疟的诊断以查见配子体最具特征性。吖啶橙荧光染色法具有快速诊断的特点。

3. 治疗原则

(1) 抗疟原虫治疗

对氯喹敏感的疟疾发作治疗:① 磷酸氯喹 3 日总量 2.5 g。② 磷酸伯氨喹。用于间日疟及卵形疟控制复发,恶性疟也需服用2~4 天,以杀灭配子体防止传播。

耐氯喹疟疾发作的治疗:① 甲氟喹 750 mg,1 次顿服,具有较强的杀灭红细胞内疟原虫的作用。② 磷酸氯咯萘啶。③ 双氢青蒿素片。

凶险型疟疾发作的治疗:① 氯喹,用于敏感株的治疗。② 奎宁,用于耐氯喹株感染。

(2)对症治疗:脑型疟常出现脑水肿与昏迷,应及时积极予脱水治疗。

(田玉岭)

四、血吸虫病

日本血吸虫病是因血吸虫寄生于门静脉系统而引起的人畜共患性寄生虫病。

1. 病因、病理　血吸虫尾蚴、幼虫、成虫、虫卵对宿主可引起一系列免疫反应。虫卵是引起宿主免疫反应的主要因素。虫卵肉芽肿反应是基本的病理改变。病变部位以肝与结肠最为显著。

2. 诊断要点

(1) 流行病史:有血吸虫疫水接触是诊断的必要条件。夏秋季节,在血吸虫流行区游泳、捕鱼、种田、抗洪抢险等。

(2) 临床表现:具有急性、慢性、晚期血吸虫病的症状和体征。

① 急性期表现为发热,间歇热或弛张热,少寒战;皮炎、荨麻疹;腹痛、腹泻或脓血便,肝肿大,尤以左叶显著。

② 慢性血吸虫病表现为肝脾肿大,结肠炎等。

③ 晚期血吸虫病表现为肝硬化、门脉高压、脾肿大和临床并发症。

(3) 实验室检查

① 血象：急性血吸虫病白细胞 $10\times10^9/L$ 以上，嗜酸性粒细胞 20%～40%，最高可达 90%以上；慢性血吸虫病嗜酸性粒细胞在 20%以内；晚期血吸虫病全血细胞减少。

② 粪便检查：检查出虫卵和孵化出毛蚴是确诊血吸虫病的直接依据。

③ 免疫学检查：皮内试验(+)，感染过血吸虫的过筛方法；环卵沉淀试验(COPT)(+)可作为诊断患者及考核疗效；间接血凝试验(IHA)(+)，流行区过筛和查病；酶联免疫吸附试验(ELISA)(+)，诊断和考核疗效的依据；循环抗原酶免疫法 EIA(+)，诊断、考核疗效和防治效果的评定。

④ 直肠镜检查：距肛门 8～10 cm 背侧黏膜处取材，虫卵阳性率最高。

3. 治疗原则

(1) 病原治疗：吡喹酮的毒性小、疗效好、给药方便、适应证广，可适用于各期各型血吸虫病患者。

(2) 对症治疗：急性期血吸虫病，高热、中毒症状严重者给予补液，保证水和电解质平衡，加强营养和支持治疗。慢性和晚期血吸虫病，及时治疗并发症，巨脾、门脉高压、上消化道出血等选择适当时机手术治疗。

五、华支睾吸虫病

华支睾吸虫病是因摄入含活的华支睾吸虫囊蚴的淡水鱼(虾)，致华支睾吸虫寄生于人体肝内胆管，引起胆汁淤滞、肝损害的寄生虫病。临床主要表现为纳差、疲乏、上腹隐痛及肝肿大等，可并发胆管炎、胆囊炎、胆石症，少数发展为肝硬化。

1. 诊断要点

(1) 流行病学资料：有进食未经煮熟淡水鱼或虾的病史，有助诊断。

(2) 临床表现：在本病的疫区有食欲不振等消化道症状、神经衰弱症状、肝区隐痛、肝肿大或有胆管炎、胆结石者应考虑本病的可能。急性感染表现为寒战、发热、右上腹胀痛、肝肿大伴压痛、轻度黄疸，部分患者脾肿大。

（3）实验室检查：嗜酸性粒细胞增多，血清特异性抗体阳性，肝功能轻度损伤，确诊有赖于粪便或十二指肠引流发现虫卵。

2. 治疗

（1）病原治疗：首选吡喹酮，连服 2 天。丙硫咪唑（阿苯达唑），连服 7 天。

（2）对症和支持治疗。

六、钩虫病、蛔虫病、蛲虫病

1. 钩虫病　是有十二指肠钩口线虫或美洲板口线虫寄生于人体小肠所致的疾病，俗称“黄肿病”、“懒黄病”。主要临床表现为贫血、营养不良、胃肠功能紊乱、劳动能力下降，严重时心功能不全或儿童发育障碍。轻者可无症状，称为钩虫感染。若粪便中钩虫卵＜3 000 个/g，为轻度感染；3 000～10 000 个/g，为中度感染；＞10 000 个/g，为重度感染。

治疗：① 驱虫治疗；阿苯达唑（肠虫清）。② 局部治疗：治疗钩蚴性皮炎，可用左旋咪唑涂擦剂外用。每日三次，连用 2 天。

2. 蛔虫病　是由似蚯蚓蛔线虫寄生于人体小肠所引起的传染病。多数无症状，部分有不同程度的临床表现。除肠蛔虫症外，可引起胆道蛔虫症、蛔虫性肠梗阻。

治疗：① 驱虫治疗；甲苯咪唑和阿苯达唑（肠虫清），共 1～2 天。阿苯达唑 400 mg，顿服。② 异位蛔虫症及并发症的治疗。

3. 蛲虫病　是由蠕形住肠线虫（蛲虫）寄生于人体肠道所引起的传染病。世界各地均有分布，有 2 亿多患者，儿童是主要的感染人群。主要表现为肛门周围和会阴部瘙痒，夜间尤甚。儿童常有睡眠不安、夜惊、磨牙等表现。根据雌虫的生活习惯，于患者入睡后 1～3 小时，可在其肛门、会阴、内衣等处找到成虫，明确诊断。另外可用棉签拭子或透明胶纸粘贴法，于清晨便前检查虫卵。

治疗：① 病原治疗：甲苯咪唑和阿苯达唑（肠虫清）为首选药

物，连服 3 天，成人与儿童剂量相同。阿苯达唑顿服，2 周后重复一次，可全部治愈。

② 外用药物：蛲虫膏、2%白降汞软膏涂于肛门周围，有杀虫和止痒的双重作用。

（沈　玲）

第三章　基本技能

第一节　基本操作

一、胸腔穿刺术

1. 适应证　诊断性胸腔穿刺术最常用于胸腔积液的病因诊断。治疗性胸腔穿刺术常用于缓解大量胸腔积液造成的呼吸不畅，硬化剂或抗肿瘤等药物胸膜腔注射。

2. 禁忌证　患者不合作；未纠正的凝血疾病；呼吸功能不全或不稳定(除非是行治疗性胸腔穿刺术缓解)；心脏血流动力学不稳定或心律不齐；不稳定性心绞痛。

3. 操作要点　胸腔穿刺的最佳体位是患者取舒适的坐姿并轻度前倾，手臂放在支持物上；患者也可躺下。穿刺点一般低于液面的一个肋间隙，位于肩胛下线。碘酊消毒皮肤后，术者戴无菌手套，铺好无菌洞巾后，用1%或2%利多卡因行局部麻醉，沿下一根肋骨上缘穿刺进针(防止接触到上一根肋骨的下缘，避免损伤肋下神经血管丛)，穿刺针垂直进入胸壁，皮下组织，最后至壁层胸膜。当进入壁层胸膜，即可吸到胸液。穿刺完毕，拔出穿刺针，盖以无菌棉球及纱布，用胶布固定。抽出的胸液，根据病情需要分别送检。

4. 注意事项　术前经卧位胸部X线、超声波和(或)CT检查、B超定位。抽吸液体时不可过快、过多，第一次抽吸液量不超过700 ml，以后每次一般不超过1 000 ml。局部麻醉应充分，固定好穿刺针，避免刺破肺组织。夹紧乳胶管避免气体进入胸腔。穿刺过程中患者出现头晕、面色苍白、出汗、心悸、气短时，立即停止操作，并适当处理。抽液后患者应卧床休息，必要时复查胸透，观察有无气胸并发症。

二、腹腔穿刺术

1. 适应证　抽取腹水进行化验检查，明确腹水的性质，协助诊断。放出适量腹水，减轻腹腔的压力，缓解压迫症状。在腹腔内注入药物，达到直接治疗和提高治疗效果的作用。

2. 操作要点　多选左侧麦氏点为穿刺点，常规消毒，铺无菌洞巾，用1%普鲁卡因自皮肤至腹膜壁层行浸润麻醉。穿刺针垂直刺入皮下，徐徐刺入腹腔后，先用注射器取少许腹水，留取标本做常规检查及培养。需放液时，在针栓部接上已消毒的橡皮管，引腹水入容器中。大量放液速度不可过快，液量不宜过多，如需注射药物时，将药液注入腹腔内。腹腔穿刺放液中，应密切观察病情，如患者出现面色苍白、出汗、心悸、头晕、恶心等症状，应立即停止放液，卧床休息，并予以输液等紧急措施。穿刺完毕，拔出穿刺针后，局部碘伏、乙醇消毒，覆盖无菌纱布，用胶布固定，测量腹围，束紧腹带，协助患者平卧。

3. 注意事项　严格按照无菌技术操作规程，防止感染。排空尿液，以免穿刺时误伤膀胱。穿刺点应视病情及需要而定，急腹症时穿刺点最好选择在压痛点及肌紧张最明显的部位。勿在腹部手术瘢痕部位或肠袢明显处穿刺，妊娠时应在距子宫外缘 1 cm 处穿刺。对腹水量多者，进行腹腔穿刺时，应先将其腹壁皮肤向下向外牵拉，然后穿刺，拔针后可使皮肤针眼与腹肌针眼错开，以防腹水沿针眼外溢。大量放腹水可能引起电解质紊乱，血浆蛋白大量丢失，除特殊情况外一般不予放液。初次放液不宜超过 3 000 ml（如有腹水回输设备则不在此限）。血性腹水留取标本后应停止放液。

三、腰椎穿刺术

1. 适应证　检查脑脊液的性质，协助诊断中枢神经系统的炎症或出血性疾病；测定颅内压力，了解蛛网膜下隙有无阻塞；做其他辅助检查，如气脑造影、脊髓空气造影、脑室脑池放射性核素扫描等;对颅内出血、炎症或颅脑手术后,引流有刺激性脑脊液可减轻临床症状;进行腰椎麻醉或鞘内注射药物治疗。

2. 操作要点　患者侧卧硬板床上,拿走枕头,背部齐床沿,头向胸前弯曲,双手抱膝,双膝向腹部弯曲,腰背尽量向后弓起,使椎间隙增宽,以利穿刺。穿刺时协助患者固定姿势,避免移动,防针头折断,儿童尤为重要。穿刺部位一般取 3～4 腰椎间隙、两侧髂脊连线的脊棘线为第 3 腰椎间隙。穿刺部位严格消毒,术者戴无菌手套,铺洞巾,以 2％普鲁卡因作局部浸润麻醉。术者持腰椎穿刺针(套上针芯),沿腰椎间隙垂直进针,推进 4～6 cm(儿童 2～3 cm)深度时,或感到阻力突然消失,表明针头已进入脊膜腔。拔出针芯,脑脊液自动流出,此时让患者全身放松,平静呼吸,双下肢和头部略伸展,接上压力管,可见液面缓缓上升,到一定平面后可见液平面随呼吸波动,此读数为脑脊液压力;如压力明显增高,针芯则不能完全拔出,使脑脊液缓慢滴出,以防脑疝形成。接取脑脊液 3～5 ml 于无菌试管中送检。需做细菌培养,应将无菌试管口经过酒精灯火焰灭菌,接取脑脊液,然后管口及棉塞再通过酒精灯火焰灭菌后盖上棉塞。如需做鞘内注射时将药液缓慢注入。术毕套入针芯,拔出腰椎穿刺针,针孔以碘伏消毒,覆盖无菌纱布,以胶布固定,1 周内勿沾湿穿刺处。

3. 注意事项　穿刺后让患者去枕平卧 4～6 小时,颅内压高者应平卧 12～24 小时,继续观察患者情况及有无头痛、恶心,腰痛等反应。颅压增高者,不宜作腰椎穿刺,以避免脑脊液动力学的突然改变,使颅腔与脊髓腔之间的压力不平衡,导致脑疝形成。穿刺部位有化脓感染,禁止穿刺,以免引起蛛网膜下隙感染。鞘内注射药物,需放出等量脑脊液,药物要以生理盐水稀释,注射应极缓慢。穿刺过程中如出现脑疝症状时(如瞳孔不等大、意识不清、呼吸异常),应立即停止放液,并向椎管内注入空气或生理盐水(10～12 ml),静脉注射 20％甘露醇 250 ml。有躁动不安和不能合作者,可在镇静剂或基础麻醉下进行,需有专人辅助。

四、肝脏活体组织穿刺术

1. 适应证　凡肝脏疾患通过临床、实验或其他辅助检查无法明确诊断者。包括:肝功能检查异常,性质不明者;肝功能检查正常,但症状、体征明显者;不明原因的肝大,门脉高压或黄疸;疑有肝脏肿瘤、肝炎及肝硬变、脂肪肝、肝结核、肝淀粉样变性、血吸虫病等。

2. 禁忌证　有出血倾向;大量腹水;重度黄疸;肝缩小或肝浊音界叩不清;疑为肝包虫病或肝血管瘤;严重贫血或一般情况差者;右侧胸腔积液或其他脏器有急性疾患者。

3. 操作要点　患者仰卧稍向左倾,其右侧尽量靠近床沿,背部垫一薄枕,先铺好腹带,右臂上举置脑后。穿刺部位通常选腋前线第 8 肋间或腋中线第 9 肋间为穿刺点。皮肤常规消毒,铺无菌洞巾,用 2%普鲁卡因做局部浸润麻醉。穿刺针(包括套管和针芯)沿肋骨上缘刺入穿刺点 0.5～1.0 cm 后,拔出针芯,连接乳胶管,管的另一端接 20 ml 注射器,内盛 3～5 ml 无菌生理盐水,助手持注射器并抽吸注射器成负压状态,嘱患者在深吸气后呼气末屏气片刻,此时迅速将针沿直线方向进入肝脏,并立刻退出(此动作一般在 1 秒钟左右完成),穿刺针绝不能在肝内搅动,穿刺深度不超过 6 cm。将针头内的肝组织注入盛福尔马林液瓶内送检。穿刺部位盖无菌纱布,用多头腹带包扎,再压上小沙袋。

4. 注意事项　患者术前应检查出凝血时间、血小板计数、凝血酶原时间,如有异常需暂缓执行,待纠正后再行穿刺,必要时测血型并备血待用。穿刺后绝对卧床休息 24 小时,术后 2 小时内,每 15～30 分钟测血压、脉搏一次,如无变化,改为每小时一次,共 6 次。若发现血压下降、出冷汗、右胸痛、呼吸困难等出血或气胸征象,应进行输血、止血、抽气等处理。

五、骨髓穿刺术

1. 适应证　各类血液病,如各种白血病、再生障碍性贫血、溶血性贫血、血小板减少性紫癜等；某些传染病或寄生虫病，有助于确定病原体，如疟疾、黑热病及伤寒等；疑有骨髓原发性或转移性肿瘤；借助骨髓内发现特殊细胞诊断高雪病，尼曼匹克病；败血症可行骨髓培养，了解病原菌。

2. 禁忌证　血友病及弥漫性血管内凝血，如无特殊需要，勿做骨髓穿刺检查。

3. 操作要点　依据患者情况，穿刺点可选在髂后上棘、髂前上棘、胸骨柄、脊椎棘突和胫骨前侧，前三者多用。

(1) 髂后上棘穿刺术：患者取侧卧位，双腿屈向胸前，使腰骶部向后突出，易于触到髂后上棘。局部皮肤常规消毒，铺无菌洞巾，用1%～2%普鲁卡因局部浸润麻醉达骨膜。左手固定局部皮肤，右手持穿刺针，在选择穿刺点与背部垂直方向刺入抵达骨膜后，左右旋转式钻入，通过骨皮质，达骨髓腔时突感空松，再进针1 cm，针头即可固定不动；取出针芯，接10 ml干燥注射器，缓缓用力抽吸，当血液一出现于针管时立即停止抽吸，此时抽得的骨髓量约0.2 ml，过多则会混进血稀释。若行骨髓培养，则需抽取5～10 ml；拔下注射器及穿刺，迅速将骨髓液注至玻片上，供推片制标本。局部碘伏消毒，并盖纱布，压迫1～2分钟，用胶布固定。

(2) 髂前上棘穿刺术：患者仰卧或侧卧位，取髂前上嵴向后2～3 cm髂缘最宽处或在其旁侧为穿刺点。其余步骤同上。

(3) 胸骨柄穿刺术：患者仰卧，头尽量后仰并转向一侧，肩背部垫高，充分暴露胸骨上切迹，选择胸骨柄为穿刺点，右手持穿刺针，与皮肤成30°角。由胸骨柄上缘进针，刺入皮肤，进入骨髓腔约1 cm。其余步骤同上。

4. 注意事项　术后压迫止血，对有出血倾向者，防止骨膜下血肿形成或流血不止。术后3日内，穿刺部位勿用水洗，防止感染；同时取周围血涂血片。

（袁受涛）

第二节 传染病常用实验室诊断技术

一、免疫学与免疫学检验

1. 酶免疫法 最常用的是酶联免疫吸附试验或酶标固相免疫测定,简称“ELISA”。

(1) 基本原理:采用聚苯乙烯为载体,吸附特异的抗原或抗体,使之与待检标本中相应的抗原或抗体结合,然后再加上酶标记的、能与上述免疫复合物结合的抗原或抗体,最后加上酶底物。在酶的催化作用下,使无色的底物显色,然后再根据色泽的深浅,推算出有无待检的抗原或抗体以及他们的量。

(2) 优点:此法灵敏度较高,可达纳克水平,现广泛地使用在病毒感染的特异性血清学诊断中,检测相应的抗原或抗体。

(3) 应用范围:病原微生物如病毒、细菌、原虫、寄生虫等本身具有免疫原性,刺激机体可产生特异性抗体,应用此法可检测机体中抗原或抗体的含量,同时也可确诊疾病的病因。

(4) 假阳性:因为 ELISA 方法是抗原与抗体反应,最常见类风湿因子(RF)的影响呈假阳性。

(5) 假阴性:常见原因多为操作不当或 ELISA 试剂的灵敏度不高,再一原因是体内抗原变异,抗体无法与之结合。

(6) 常见的检测方法

① 间接法:用于抗体的检测,以抗原包被固相载体,用待检血清与固相抗原结合,利用标记的抗抗体进行检验。优点是标记一种抗抗体,就可用于多种抗体的检测,是常见的抗体检测方法。

② 双抗体夹心法:用于抗原检测的最常用的方法,将特异的抗体包被固相载体,用待检血清与固相抗体结合,在固相上形成抗原抗体复合物,再用标记的特异抗体进行检验。优点是操作简便,成本低,有较广泛的运用。缺点是易受类风湿因子的影响,出现假阳性。

③ 抗原竞争法：将特异性抗体包被在固相载体上，加入酶标记抗原和待检血清，待检血清和酶标记抗原同时竞争固相上的特异抗体。待检的抗原量越多，竞争结合的固相抗体越多，而酶标记的抗原与固相抗体越少，加底物显色越浅，显色的深浅与抗原的量呈正比。

2. 免疫荧光技术　将荧光色素用化学的方法连接到特异性的抗体分子上，用这种荧光色素标记的抗体检测待检样本，若样本中有相应的抗原存在，荧光标记的抗体与之结合，在荧光显微镜下可见到荧光。

（1）应用范围：各种病原微生物的快速检查，以及组织切片中特异性抗原及抗原抗体复合物的检查。

（2）假阳性：因为荧光色素常会出现非特异性荧光，操作不当或检验者缺乏经验会出现假阳性。

（3）假阴性：常见原因多为操作不当或标记的抗体效价太低。

（4）常见的检测方法

① 直接法：采用荧光素标记的特异性抗体，与标本中的抗原结合，再用缓冲液除去游离的荧光抗体，用荧光显微镜镜检。有荧光为阳性，无荧光为阴性。本法的优点是特异性高非特异荧光的干扰少，缺点是检测每个抗原，必须标记一个相应的抗体，不易推广。

② 间接法：采用荧光素标记抗抗体（第二抗体），用标记的抗抗体与抗原抗体复合物结合，再用缓冲液除去游离的荧光抗体，用荧光显微镜镜检，有荧光出现为阳性，无荧光为阴性。优点是标记的第二抗体，可用与多种抗原、抗体系统的检测，易推广运用，目前是病原微生物快速检测的主要方法，缺点是有非特异性荧光出现，呈现假阳性。

3. 放射免疫技术　把免疫反应的特异性与放射同位素测定的灵敏度巧妙地结合起来，是放射免疫分析具有了较高的特异性和灵敏度。

（1）基本原理：用标记的同位素抗原和非标记的抗原（标准抗

原或待检抗原)同时与限量的抗体结合,竞争抗体,待检抗原越多,与抗体结合越多,相反同位素标记的抗原与抗体的量就越少,同位素量就越低。标记的同位素抗原和非标记的抗原存在竞争抑制的数量关系,非标记的抗原量越多,同位素量越少,呈反比关系。

(2) 应用范围:常用于激素、病毒的抗原或抗体的测定,以及其他微生物和寄生虫所释放的物质的定量测定。

二、分子生物学及分子生物学检测

1. DNA 探针杂交技术　是较常用的分子生物学检测手段,其利用核酸探针即一段限定的 DNA 片断,采用放射性或化学标记后,通过杂交技术检测特定的核酸序列。通常该技术的敏感度可检测到 10^4～10^6 个病原体。应其敏感度不高,通常用于病原体的筛查。

基本原理:首先从需检测的病原体核酸中选定其"信号序列",制备出一段特异的 DNA 序列,即为"探针",并将其标记上放射性或酶,再将探针与待检的病原体 DNA 杂交进行检测,通过测定其放射性或加酶底物显色,以确定有无相应的病原体存在。

目前,该方法常用于病毒、细菌、支原体、衣原体等病原微生物的检测。

原位杂交技术就是利用 DNA 探针技术,将细胞或组织切片固定在载玻片上,再用标记的 DNA 探针与靶组织的核酸进行杂交,加入酶底物显色,确定病原体。

2. 信号扩增技术　是在 DNA 分子杂交的基础上,将标记物的浓度增高,来增强信号,提高检出率。

b－DNA 信号放大技术是采用多分支探针,每一个探针上附加了多个信号分子,既可用于定性检测,又可以进行定量检测;既可检测 RNA 病毒,又可检测 DNA 病毒。

目前这一方法已有效地用于乙型肝炎病毒的 DNA 检测、人类免疫缺陷病毒的 RNA 检测,丙型肝炎的 RNA 检测和巨细胞病毒的检测。这一方法具有高度的特异性,能检出 10^3 个病毒。

3. PCR技术　是临床感染标本中病原体检查使用最广泛的、最有效的技术。采用引物与特异性的DNA序列结合，经过反复循环扩增，使原有的少量的靶基因呈几何级数的增长，再用电泳等技术检测其存在。

目前，用于病原微生物的PCR检测技术多种多样，有简单的PCR、有逆转录PCR(RT－PCR)、巢式PCR(nest－PCR)等。逆转录PCR主要用于RNA病毒的检测，巢式PCR主要提高敏感性。

PCR方法的敏感性非常高，极易出现假阳性，严格控制实验室的污染，严禁将PCR产物带到样品处理区。

定量PCR技术是以PCR技术为基础的特异性核酸定量分析技术。主要通过对扩增产物的分析和比较，反映出待测样本原始基因的数量。该技术大大地克服了常规PCR只能定性检测的局限性，提高了PCR检测的临床诊断价值和监测意义。

4. 基因芯片技术　又称DNA微探针阵列，它是一种最重要的生物芯片，集成了密集排列的已知基因探针，经过标记的若干靶核酸序列通过与芯片特定位点上的探针杂交，对未知的核酸序列进行检测，检测杂交探针的位置，便可根据碱基互补的原理，确定靶基因的序列。

基因芯片技术的特点是能够在同一时间内分析大量的、不同的病原微生物。基因芯片技术的基本原理实际就是密集DNA探针杂交技术。

（周镇先）